novum **pro**

AF168145

BIJAN HADJI

DEUTSCH ORIENTALISCHE LIEBE

geht's noch?

BEZIEHUNGSWAHL IN ZEITEN KULTURELLER UND POLITISCHER VERWERFUNGEN

novum pro

Dieses Buch ist auch als
e-book
erhältlich.

Bibliografische Information
der Deutschen Nationalbibliothek:

Die Deutsche Nationalbibliothek
verzeichnet diese Publikation in
der Deutschen Nationalbibliografie.
Detaillierte bibliografische Daten
sind im Internet über
http://www.d-nb.de abrufbar.

Gedruckt in der Europäischen Union
auf umweltfreundlichem, chlor- und
säurefrei gebleichtem Papier.

© 2025 novum publishing gmbh
Rathausgasse 73, A-7311 Neckenmarkt
office@novumverlag.com

ISBN 978-3-7116-0630-3
Lektorat: Laura Oberdorfer
Umschlagabbildungen:
Seamartini, Melitas | Dreamstime.com
Umschlaggestaltung, Layout & Satz:
novum Verlag
Innenabbildungen: siehe
Bildquellennachweis S. 6
Autorenfoto: Sabine Narr

Die vom Autor zur Verfügung gestellten
Abbildungen wurden in der bestmög-
lichen Qualität gedruckt.

www.novumverlag.com

Druckprodukt mit finanziellem
Klimabeitrag
ClimatePartner.com/16547-2311-1001

Inhaltsverzeichnis

Bildquellennachweis:
S. 22, 109 © StepMap GmbH, Eiswerderstraße 18, 13585 Berlin,
S. 114 © MyHeritage Ltd., PO Box 50, Or Yehuda 6037606, Israel,
S. 14, 15, 104, 105 © Bijan Hadji

Vorwort

In Deutschland kommt es zu vielen binationalen bzw. interethnischen Beziehungen. Nicht wenige von diesen sind zwischen deutschen Frauen und orientalischen Männern. Während früher zum Teil Assoziationen mit 1001 Nacht und Soraya (der ersten Frau vom Schah von Persien) noch mitgeschwungen haben dürften, hat es in den vergangenen Dekaden eher negative Schlagzeilen aus dem orientalischen Raum gegeben. Patriarchat, Islamismus, Missachtung von Frauenrechten sowie die Entführung der Kinder aus Deutschland in das Heimatland sind nur einige Themen. In den letzten Jahren hinzugekommen sind die Flüchtlingswelle 2015, die Vorfälle in der Silvesternacht in Köln im selben Jahr und die anhaltende Flüchtlingskrise und Integrationsdebatten. Es ist zu einem Paradigmenwechsel in der Gesellschaft gekommen, was sich auch in der politischen Kultur zeigt. Das Thema Migration wird offen kritischer als früher diskutiert, und von allen Parteien gibt es hierzu unterschiedliche Konzepte. Trotz all der genannten Vorfälle, Entwicklungen und Informationen gibt es – erwartungsgemäß – immer noch deutsche Frauen, die mit Männern aus diesem Kulturkreis eine Beziehung eingehen, gar eine Ehe. Es ist interessant zu erfahren, ob im Prozess des Kennenlernens, des Verliebens und der letztendlichen Verwirklichung einer solchen Beziehung all diese negativen Entwicklungen im Hintergrund mitschwingen oder gar bewusst präsent sind. Als Sohn einer solchen Ehe, die allerdings vor über 60 Jahren zustande gekommen ist, beschäftigt mich diese Frage schon sehr lange.

Mit der vorliegenden Untersuchung ist nunmehr mein lang ersehnter Wunsch in Erfüllung gegangen, diesem Thema systematisch nachzugehen. Das Interesse dazu und die gedankliche Beschäftigung damit sind allmählich gewachsen, und schließlich habe ich mich entschieden, eine Studie dafür durchzuführen und die Ergebnisse und Überlegungen dazu niederzuschreiben. Ohne die Begleitung mehrerer lieber, kompetenter und bereitwilliger Menschen wäre mir dieses Unterfangen nicht gelungen. Allen möchte ich Danke sagen. Großes Glück hatte ich mit Prof. Dr. Rolf von Lüde und Prof. Dr. Thomas Malsch (Fakultät für Wirtschafts- und Sozialwissenschaften der Universität Hamburg), die trotz Emeritierung und anderweitiger Aufgaben und Betätigungen Interesse für mein Projekt gezeigt und mich – hauptberuflich Arzt – bei meinem Ausflug in die Sozialwissenschaften geduldig begleitet haben. Ohne sie hätte das hier vorliegende Werk nicht die notwendige Seriosität und den wissenschaftlichen Anspruch erhalten. Ich werde die vielen anregenden Gespräche beim Tee vermissen!

Danke auch an Armand Farsi, der aufgrund von Erfahrung mit seiner eigenen wegweisenden Dissertation[1], aber auch anderer persönlicher Qualitäten mir in einer kurzen Begegnung hilfreiche Anregungen geben konnte.

Besonderer Dank gilt meiner Frau Sabine, die sich bereit und interessiert zeigte, die zu Geschichten zusammengefassten Interviews zeitnah kritisch durchzulesen. Lieben Dank auch an Katja Burkhardt und Michael Bellmann, die den Entwurf zum Manuskript geduldig gelesen haben.

Und natürlich gilt mein Dank all den Frauen, die sich zum Interview bereit erklärt und mit mir – obwohl sie mich nicht kannten – mit großer Offenheit auch über schwierige Themen gesprochen haben. Chapeau! Viele von diesen Frauen habe ich durch Pamela Urban kennenlernen dürfen, die mich in einer schleppenden Phase der Rekrutierung so tatkräftig unterstützt hat, dass deutlich mehr Interviews möglich wurden als ursprünglich geplant.

---

1 Armand Farsi (2014): Migranten auf dem Weg zur Elite? Springer VS.

Last but not least waren es meine Eltern, meine deutsche Mutter und mein persischer Vater, die die Bikulturalität in mich gesetzt haben, indem sie sich füreinander entschieden und mir ein Miteinander in Respekt und mit gegenseitigem Interesse und Kompromissbereitschaft vorgelebt haben. Als Jugendlicher und junger Erwachsene empfand ich meinen bikulturellen Hintergrund phasenweise als Belastung (Wer bin ich? Wo gehöre ich hin?), später habe ich ihn als Luxus schätzen gelernt. Merci[2] und danke an Euch Lieben!

---

2 Im Persischen umgangssprachlich üblicher Dank

1. Einleitung

Binationale Partnerschaften zwischen deutschen Frauen und orientalischen Männern stehen nicht im Mittelpunkt der gesellschaftlichen Debatte. Dabei ist durchaus nicht nur die Frage interessant, welche Motive diese Frauen bei der Entscheidung für eine solche Beziehung haben, sondern auch, warum sie sich trotz aller negativen Schlagzeilen und Berichte der vergangenen Jahre und trotz entsprechender Erzählungen und Erfahrungsberichte anderer über manche tatsächlichen, vermeintlichen oder stigmatisierten Verhaltensweisen von Personen aus dem orientalischen Kulturraum auf eine Partnerschaft zu einem solchen Mann einlassen. Auch wenn prominente Frauen in diesem Zusammenhang die große mediale Öffentlichkeit erreicht haben[3], ist das Thema oberflächlich behandelt und nicht weiter vertieft worden, auch nicht, wenn der Unterschied zwischen den sozialen Schichten extrem war. Hier kommt die Frage deutlicher auf, welche Motivation eine Frau mit einem solchen privaten und sozialen Hintergrund haben kann, um sich auf einen anders sozialisierten Partner aus einem Land mit jahrzehntelangen negativen Schlagzeilen einzulassen. Hierbei ist die Frage nach dem „Warum" oder „Warum trotz allem" nicht im Sinne einer Wertung zu verstehen, sondern in Bezug auf die fragliche Funktionsfähigkeit einer solchen Beziehung[4].

Binationale Beziehungen einschließlich Ehen hat es schon immer gegeben. Diese haben erwartungsgemäß im Rahmen der Globalisierung und mit steigendender Mobilität von Gesellschaften durch

---

3 Anfang 2014 erschien in Medien die Nachricht über die Heirat der Ex-Frau des Aldi-Erben mit einem afghanischen Flüchtling.

4 Versuche, eine bestimmte Frau aus der „Geldelite" mit einem orientalischen Partner für ein Interview zu gewinnen, haben (fast) erwartungsgemäß nicht zum Erfolg geführt.

immer schnellere, häufigere und für mehr Menschen erschwingliche Reisemöglichkeiten zugenommen. Auch Migrationsbewegungen unterschiedlicher Ursachen wie etwa Studium und Arbeit, aber auch Flucht und Vertreibung lassen die Anzahl binationaler Beziehungen wachsen. Bereits aus theoretischen Gründen und a priori kann dabei meistens davon ausgegangen werden, dass je näher die jeweiligen Herkunftsländer des Paares zueinander liegen, desto weniger es kulturelle Schwierigkeiten in solchen Beziehungen gibt.[5] In Bezug auf das hier untersuchte Thema befindet sich Deutschland in einem christlich-humanistisch geprägten und demokratisch-rechtsstaatlich ausgerichteten Kulturraum, sodass in vielerlei Hinsicht ein mehr oder minder ähnlicher „Geist" und ähnliche Wertvorstellungen bestehen. Eine „monokulturelle Beziehung" zum Beispiel in der Konstellation deutsch-dänisch oder deutsch-niederländisch hält – statistisch betrachtet – somit länger als eine zum Beispiel deutsch-kongolesische oder deutsch-pakistanische Beziehung. Es sei denn, gesellschaftliche Normen oder Zwänge und kulturelle Erwartungen der nicht-deutschen Seite haben einen disziplinierenden Effekt und verhindern dadurch eine Aufgabe der Liaison. Es ist plausibel, dass die kulturelle Nähe zu Westeuropa die Bedeutung der geografischen Nähe relativieren oder gar aufheben kann. Dabei kann man beispielhaft Australien, Amerika und Südafrika nennen: Partnerschaften zwischen Menschen aus diesen Ländern mit jenen – in diesem Fall – aus Deutschland sind, wieder statistisch betrachtet, in ihren kulturellen Spannungen vergleichbar mit den o. g. Bespielen zu den Nachbarländern[6]. Hier

---

5 Dies gilt aber schon nicht mehr, wenn es bei benachbarten Ländern erhebliche kulturelle Sprünge gibt oder gar Feindseligkeiten bestehen. Hier lassen sich als Beispiele Türkei/Griechenland, Pakistan/Indien und Israel/arabische Welt nennen.

6 Béatrice Hecht-El Minshawi stellte – im weitesten Sinne passend hierzu – bereits Anfang der 1980er Jahre in ihrem viel zitierten Buch „Wir suchen, wovon wir träumen" fest, dass in der Bundesrepublik nicht die Personen diskriminiert werden, die aus den nördlichen EG-Ländern kommen (EG: Europäische Gemeinschaft, Vorläufer der heutigen EU).

wird die „kulturelle Zugehörigkeit" einer Wertegemeinschaft mit gemeinsamen Normen und Handlungsorientierungen als verbindendes Element gesehen (vgl. dazu B. Waldis)[7]. Es erscheint noch viel zu früh, mit Jan Plamper von einer „kollektiven Identität" auszugehen[8], da es diese faktisch in Deutschland nicht gibt. Ob das darin propagierte, vom amerikanischen „Melting Pot"[9] abgeleitete, modifizierte Modell mit der Metapher der „Salatschüssel"[10] als nationale Kollektividentität mit vielen Herkunftsidentitäten auf Deutschland übertragbar ist, erscheint aufgrund der erheblichen Unterschiede in der historischen Entwicklung und im nationalen Selbstverständnis eher fraglich, zumal die USA bekanntermaßen immer schon ein Einwanderungsland waren und überhaupt so entstanden sind.

Im Jahre 2022 betrug die Scheidungsrate in Deutschland 35,15 %[11]. Zwar scheitern auch sehr viele „deutsch-deutsche Ehen", einer früheren wissenschaftlichen Untersuchung zufolge ist aber die Scheidungsquote bei binationalen Ehen in Deutschland deutlich höher[12]. Zu einem ähnlichen Ergebnis war eine

7 Barbara Walids (1998): Trotz der Differenz. Waxmann Verlag.
8 Jan Plamper (2019): Das Neue Wir. S. Fischer Verlag.
9 Die USA betrachten sich als einen „Schmelztiegel", in dem sich die Einwanderer so sehr in die dortige Kultur integrieren, dass sich die beiden Kulturen vermischen und eine neue Kultur ergeben.
10 Plampers Vision des Einwanderungslands Deutschland ist die Nation als Gefäß, in der die Vielfalt der Menschen und ihrer Identitäten ein buntes Multikulti-Gemisch ergibt. Das Dressing dieses Salats solle keine in Stein gemeißelte deutsche Leitkultur sein, sondern ein von Respekt und Toleranz getragener Diskurs über Werte und Ziele. Demnach also eine nationale Identität im ständigen Werden.
11 Statistisches Bundesamt (DESTATIS) 2023.
12 N. Milewski N and H. Kulu, Mixed Marriages in Germany: A high risk of divorce for immigrant-native couples. European Journal of Population 30 (2014), 89–113.

frühere holländische Studie gekommen[13]: Die Scheidungsrate betrug bei holländisch-marokkanischen Ehen 63,6 %, bei holländisch-türkischen Paaren 39,2 %, bei holländisch-westeuropäischen 22,3 % und bei holländisch-holländischen 11,4 %. Es kann vor diesem Hintergrund die Hypothese aufgestellt werden, dass bei zunehmendem kulturellem Abstand ein Risiko eingegangen wird, dass es zu zusätzlichen Spannungen, Konflikten und Herausforderungen kommt, die die Beziehung überstrapazieren können[14]. Bemerkenswerterweise sind es mittlerweile 10 % aller Ehen in Deutschland, bei denen eine Seite nicht deutsch ist:[15]

---

13 Kalmijn, Matthijs, Paul M. de Graaf, and Jacques P. G. Janssen. 2005. Intermarriage and the Risk of Divorce in the Netherlands: The Effects of Differences in Religion and in Nationality, 1974–94. Population Studies 59 (1): 71–85.

14 Oben genannte Autorin (Fußnote 6) nannte als einen wichtigen Aspekt den Umstand, dass der Partner aus einem von Männern dominierenden Kulturkreis kommt. Und während die unterschiedlichen Lebensvorstellungen und Lebensziele zum Zeitpunkt der Begegnung für beide attraktiv gewesen sein mögen, könne im Zusammenleben gerade diese auseinanderklaffende Lebensphilosophie zu ständigen Konflikten führen.

15 DESTATIS 2023. Bei dieser Statistik werden binationale Paare, die im Ausland heiraten, nicht gezählt, auch nicht welche, bei denen ein/e Partner/in eingebürgert ist.

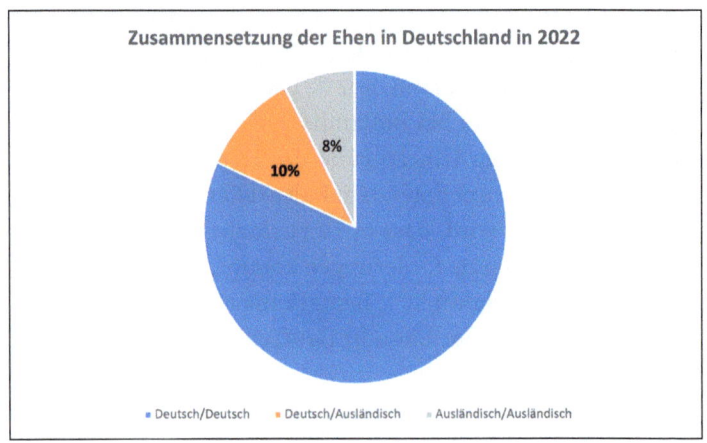

Dabei steht die Türkei immer noch an erster Stelle[16]:

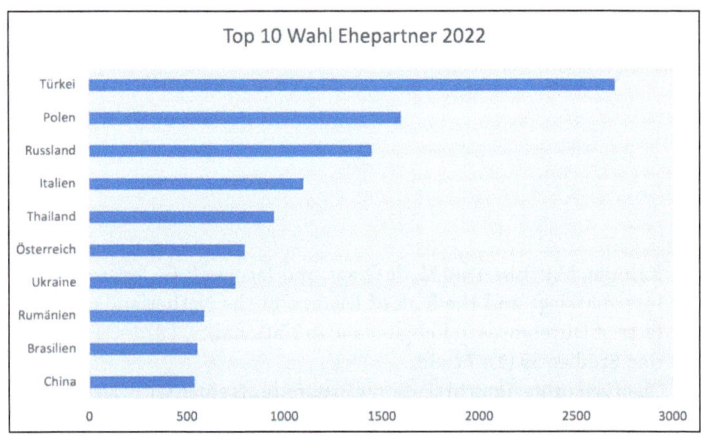

Es fällt auf, dass die anderen „orientalischen Länder" prozentual eine untergeordnete Rolle spielen, was sich aber durch die Migrationsbewegung der letzten Jahre aus dem arabischen Raum

---

16 DESTATIS 2023.

erwartungsgemäß langfristig ändern wird; jedenfalls wird es
hier Verschiebungen in der Rangfolge geben. Es kann zudem
hochgerechnet werden, dass der Orient bei den binationalen
Ehen zahlenmäßig nicht führt, sondern – unter vollständiger
Berücksichtigung von Russland (teilweise in Asien) – der europäische Raum.

Interessant ist, dass bei den binationalen Paaren (auch nicht
Verheiratete) der Anteil der Kinder mit einer deutschen Mutter –
also jene Gruppe, die bei dieser Arbeit untersucht wird – deutlich gegenüber den anderen nicht deutschen Paaren überwiegt:

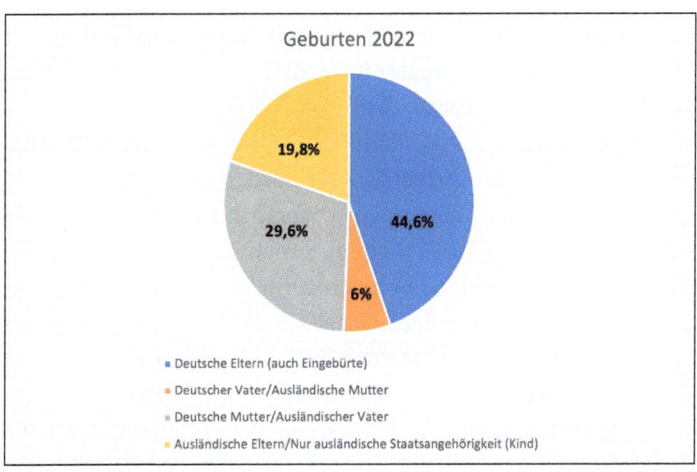

2. Erkenntnisinteresse und Forschungsfrage

Warum beschäftigt sich ein Arzt für Neurologie und Psychiatrie mit diesem Thema? Die gezielte Auseinandersetzung damit hat einen Zusammenhang zur Biografie des Autors, der selbst Kind einer deutschen Mutter und eines persischen Vaters ist. Deren Ehe hat über 60 Jahre lang angedauert, bis dass der Tod des einen sie geschieden hat. Bekanntermaßen waren die weltpolitischen Umstände und die gesellschaftlichen Rahmenbedingungen der noch relativ jungen (west-)deutschen Republik Anfang der 1960er-Jahre gänzlich anders als die heutigen Voraussetzungen. Das erste Anwerbeabkommen wurde 1955 mit Italien abgeschlossen, später folgten Abkommen mit Griechenland und Spanien (1960), der Türkei (1961), Marokko (1963), Portugal (1964), Tunesien (1965) und dem damaligen Jugoslawien (1968)[17]. Diese Arbeitskräfte wurden erst einmal nur als „Gastarbeiter" betrachtet. Von Diversität nach dem heutigen Verständnis wurde noch nicht gesprochen. Heute ist die Wahl groß. Und die insbesondere nach 1968 freizügiger und zunehmend toleranter gewordene Gesellschaft lässt sich leichter auf das andere ein, akzeptiert auch leichter andersartige Konstellationen. Aber ist es in Bezug auf die hier untersuchte Fragestellung auch einfacher geworden? Konkret: Gelingen auch die Entstehung und Gestaltung deutsch-orientalischer Beziehungen leichter als früher?

Wir sprechen von einer Generation von (deutschen) Frauen, die möglicherweise die Handlung des verfilmten Buchs „Nicht ohne

---

17 Bundeszentrale für politische Bildung (bpb): „Vor 60 Jahren: Anwerbeabkommen zwischen der Bundesrepublik Deutschland und der Türkei", 27.10.2021.

meine Tochter"[18] kennt, von den Anschlägen vom 11. September 2001 auf das World Trade Center in New York weiß, vom patriarchalischen System in Afghanistan und Saudi-Arabien gehört hat, mit dem Wort „Salafismus"[19] zumindest eine Assoziation hat, die über die Unterdrückung von Frauenrechten im Iran informiert ist, von den Vorfällen am Kölner Dom in der Silvesternacht 2015 weiß und von dem Einfluss und der Bedeutung der Großfamilie in der türkischen Community gehört hat. Sie haben wahrscheinlich Nachrichten über Messerangriffe und Ehrenmorde in Europa durch Menschen mit einem entsprechenden ethischen Hintergrund und Geschichten über Zwangsheirat zu hören bekommen. Sie kennen die Debatten über das Thema Migration einschließlich der damit verbundenen Wörter wie „Krise", „Integration" und „Überfremdung". Möglicherweise ist ihnen bekannt, dass der übliche Assimilationsprozess über die zweite und dritte Generation offenbar schlechter funktioniert als bei anderen Kulturen und dass Menschen aus dem Orient häufiger Mühe haben, sich in die westlichen Gesellschaften zu integrieren. Vielleicht haben sie von Thilo Sarrazin gehört, der den muslimischen Migranten fehlenden Integrationswillen, mangelnden beruflichen Fortschritt, schlechtere Schulleistungen, häufige Arbeitslosigkeit, Neigung zu Kriminalität und rückständiges Verhalten gegenüber Frauen bescheinigt[20]. Jedenfalls haben sie die neue reale Debattenkultur im deutschen Parlament und auch sonst in der Gesellschaft mitbekommen.

---

18 Betty Mahmoody (1991): Not Without My Daughter. Deutsch von Herlind und Grau und Klara D. Klein. Bastei Lübbe Verlag.

19 Ultrakonservative Strömung innerhalb des sunnitischen Islams, deren Anhänger in einigen deutschen Metropolen vor einigen Jahren mit ihren öffentlichen Auftritten u.a. mit Straßenmissionierung und Kundgebungen aufgefallen waren.

20 Thilo Sarrazin (2010): Deutschland schafft sich ab: Wie wir unser Land aufs Spiel setzen. Deutsche Verlagsanstalt. Das Buch führte zu erheblichen kontroversen Debatten und belastete die gesellschaftspolitische Atmosphäre zusätzlich.

Sie haben eine neue Partei namens AfD am rechten Spektrum erlebt, deren Umfragewerte und Wahlergebnisse sich stetig erhöht haben[21].

Und somit kommen wir zu dem Kern der hier untersuchten Fragestellung:

Wie kommt es, dass es nicht wenige deutsche Frauen gibt, die sich in diesem und trotz dieses vergifteten gesellschaftlichen (und politischen) Klimas auf Beziehungen mit orientalischen Männern einlassen, die mehrheitlich islamisch geprägt sind? Spielen die aufgeführten Punkte irgendeine Rolle bei dieser Entscheidung und im Prozess des Kennenlernens? Was ist ihr Motiv, abgesehen von der vorauszusetzenden Liebe?[22]

ChatGPT schrieb zu der Frage „Warum heiraten deutsche Frauen orientalische Männer?" im Sommer 2023 Folgendes:

„Es gibt verschiedene Gründe, warum deutsche Frauen sich dazu entscheiden, einen orientalischen Mann zu heiraten. Es ist wichtig zu beachten, dass es sich hierbei um individuelle Entscheidungen handelt und nicht um eine allgemeine Regel. Ein Grund könnte sein, dass sie sich von der Persönlichkeit, den Werten und dem Charakter des Partners angezogen fühlen. Liebe und Anziehung sind nicht an Nationalitäten oder kulturelle Hintergründe gebunden, sondern basieren auf individuellen Gefühlen und Verbindungen."

Zu der Frage „Warum lassen sich deutsche Frauen auf eine Beziehung zu einem orientalischen Mann ein?" kam die – mehr oder minder ähnliche – Antwort:

---

21 Wahlergebnis Bundestagswahl Februar 2025: 20,8%
22 Auf das Thema Scheinehen zur Erlangung einer Arbeitserlaubnis/ Aufenthaltserlaubnis für Deutschland wird hier nicht eingegangen.

„Es gibt viele Gründe, warum deutsche Frauen sich auf eine Beziehung mit einem Mann aus dem Orient einlassen können. Es ist wichtig zu beachten, dass es sich hierbei um individuelle Entscheidungen handelt und nicht um eine allgemeine Regel. Ein Grund könnte sein, dass sie sich von der kulturellen Vielfalt und den unterschiedlichen Perspektiven angezogen fühlen, die eine Beziehung mit jemandem aus einer anderen Kultur mit sich bringt. Sie können neugierig sein, mehr über die Kultur, Traditionen und Lebensweise des Partners zu erfahren.

Ein weiterer Grund könnte die Anziehungskraft sein, die sie zu der Person selbst empfinden. Liebe und Anziehung sind nicht an Nationalitäten oder kulturelle Hintergründe gebunden, sondern basieren auf individuellen Gefühlen und Verbindungen. Es ist auch möglich, dass deutsche Frauen sich von den traditionellen Werten und der familiären Bindung, die oft in orientalischen Kulturen betont werden, angezogen fühlen. Diese Werte können für einige Frauen attraktiv sein und ihnen ein Gefühl von Sicherheit und Stabilität geben. Es ist wichtig zu betonen, dass es bei einer Beziehung immer auf die individuellen Charaktere, Werte und Interessen der beteiligten Personen ankommt. Nationalität oder kultureller Hintergrund sollten nicht die Hauptkriterien für eine Beziehung sein, sondern die gegenseitige Liebe, Respekt und Kompatibilität."

Der KI-basierte Chatbot von Google – „Gemini" – hatte auf die erste Frage (Beziehung) eine ausführlichere Antwort:

„Es gibt viele Gründe, warum deutsche Frauen sich auf eine Beziehung zu einem orientalischen Mann einlassen. Hier sind einige der häufigsten Gründe:

- Attraktivität: Orientalische Männer werden oft als besonders attraktiv wahrgenommen. Sie werden häufig mit Attributen wie Sinnlichkeit, Leidenschaft und Charisma assoziiert.
- Romantik: Orientalische Kulturen legen großen Wert auf Romantik und Leidenschaft. Orientalische Männer werden daher oft als besonders romantisch und leidenschaftlich wahrgenommen.

- Traditionelle Werte: Orientalische Männer werden oft als traditioneller und familienorientierter wahrgenommen als westliche Männer. Dies kann für Frauen attraktiv sein, die Wert auf traditionelle Werte legen.
- Neugierde: Eine Beziehung zu einem Mann aus einer anderen Kultur kann eine spannende und aufregende Erfahrung sein. Deutsche Frauen sind oft neugierig auf andere Kulturen und möchten diese kennenlernen.

Natürlich gibt es auch individuelle Gründe, warum sich eine Frau auf eine Beziehung zu einem orientalischen Mann einlässt. Manche Frauen sind einfach in einen bestimmten Mann verliebt, unabhängig von seiner Herkunft."

Auf die zweite Frage (Ehe) gab es folgende Antwort:
„Es gibt viele Gründe, warum deutsche Frauen einen orientalischen Mann heiraten. Einige der häufigsten Gründe sind:

- Liebe: Liebe ist natürlich der wichtigste Grund für eine Ehe. Deutsche Frauen können sich in orientalische Männer verlieben, weil sie sie attraktiv, charmant und intelligent finden.
- Kulturelle Unterschiede: Manche deutsche Frauen fühlen sich zu orientalischer Kultur und Traditionen hingezogen. Sie finden es interessant, etwas Neues zu erleben und eine andere Kultur kennenzulernen.
- Persönliche Eigenschaften: Orientalische Männer werden oft als traditioneller, höflicher und familienorientierter wahrgenommen als deutsche Männer. Diese Eigenschaften können für manche deutsche Frauen attraktiv sein.
- Sozialer Status: In einigen Fällen kann es auch sein, dass deutsche Frauen einen orientalischen Mann heiraten, um ihren sozialen Status zu verbessern. Dies ist jedoch eher selten.

Natürlich gibt es auch deutsche Frauen, die sich aus anderen Gründen für eine Ehe mit einem orientalischen Mann entscheiden. Zum Beispiel können sie sich für einen bestimmten Mann interessieren, der aus einem bestimmten Land oder einer bestimmten Kultur stammt. Oder sie können einfach die Liebe zum Abenteuer suchen und eine neue Erfahrung machen wollen."

Anders als erwartet kann bei der größten deutschen Online-Partnervermittlung „Parship" die ethnische oder geografische Zugehörigkeit nicht als Suchkriterium angegeben werden. Hier ein Auszug aus der Mailantwort der Senior PR & Communications Managerin auf eine entsprechende Anfrage:

„Mitglieder können in ihren Profilen zahlreiche weitere Angaben, etwa zu Interessen, Vorlieben, Hobbys oder Lebenseinstellungen machen, die ebenfalls gut übersichtlich für andere Singles einsehbar sind und so in die Entscheidung, Kontakt aufzunehmen, mit einbezogen werden können. Weder die Herkunft noch die Religion beeinflussen aber das Matching, entsprechend kann auch nicht danach gefiltert werden. Deshalb liegen uns leider auch keine Statistiken zum Thema vor. Wenn es Singles wichtig ist, Informationen zu ihrer Herkunft oder ihrer Religion in ihrem Profil zu teilen, können sie entsprechende Angaben über Freitextfelder, beispielsweise im Bereich „Über mich", machen. Kurz: Parship unterstützt nicht gezielt die Auswahl eines Partners/einer Partnerin nach Herkunft oder Religion."

Eine ähnliche Anfrage bei dem anderen großen Anbieter „OkCupid" wurde nicht beantwortet.

Zum Begriff „Orient" ist zu erklären, dass gemäß DUDEN[23] damit vorder- und mittelasiatische Länder gemeint sind. Er ist letztendlich ein Konstrukt, der von manchen Historikern als nicht mehr modern bezeichnet wird. In der vorliegenden Arbeit wird er der Einfachheit halber verwendet. Gemeint ist dabei ein

---

23 www.duden.de

geografisch-politischer und auch religiös-kultureller Raum, der die islamischen Länder im Nahen und Mittleren Osten und in Nordafrika umfasst[24].

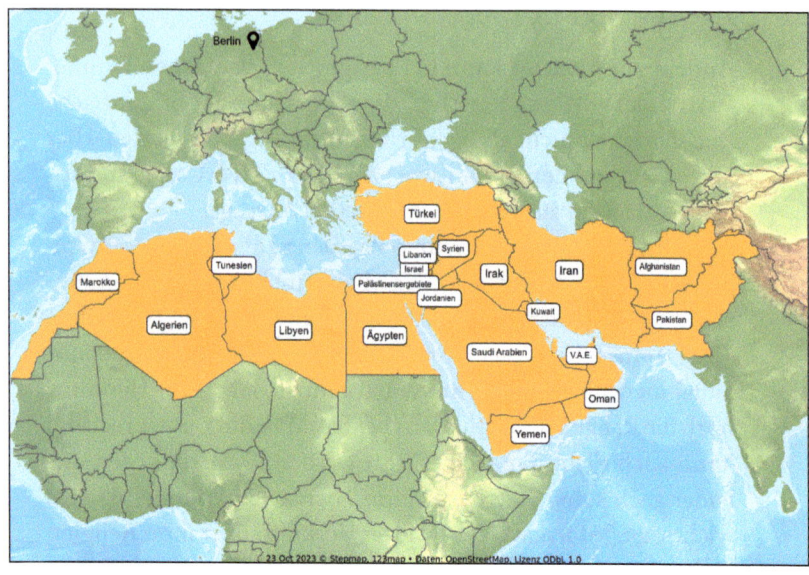

24 Israel ist die Ausnahme, wobei die arabisch-muslimischen Bewohner durchaus in Frage kämen.

3. Forschungs- und Kenntnisstand

Es gibt einige Bücher, die sich mit binationalen Ehen befassen[25], die aber größtenteils älteren Datums sind, also deutlich vor den hier genannten gesellschaftlichen und globalen Veränderungen geschrieben wurden. So schrieb Anke Dreyer in ihrer Diplomarbeit 1994 über die „Motivation von deutschen Frauen für eine Ehe mit einem Mann aus dem arabisch-islamischen Kulturkreis"[26]. Darin wurde mit einer statistischen Auswertung von zwölf Paarinterviews versucht, bestimmte Gemeinsamkeiten bei den Frauen und den Männern zu detektieren. Es wurden positive Aspekte herausgearbeitet, etwa dass beide Partner einen Teil der Fremdheit des anderen aufnehmen und sie in ihr Leben integrieren. Daraus wurden aber auch Konflikte abgeleitet, etwa durch die ablehnende Reaktion der Gesellschaft auf eben diese Aufnahme der Fremdheit durch die Frau, womit beispielsweise Schwierigkeiten der Paare bei der Wohnungs- und Arbeitssuche erklärt wurden. In der Summe ist festzustellen, dass die Arbeit zu alt ist, um die hier gestellte Forschungsfrage zu beantworten, zumal es seitdem erhebliche gesellschaftliche und politische Veränderungen gegeben hat.

---

25 In der Regel erfassen die entsprechenden Publikationen bikulturelle Partnerschaften. Wie in der Einleitung erklärt, ist die Binationalität einer Partnerschaft für sich genommen keine besondere Herausforderung, wenn die Kulturen nicht weit auseinander liegen oder gar ähnlich sind.

26 Anke Dreyer: Deutsch-Arabische Ehen. Motivationen von deutschen Frauen, einen Partner aus dem arabisch-islamischen Kulturkreis zu wählen. 1994, GRIN Verlag.

Noch älter ist das umfangreiche und oft zitierte Buch von Béatrice Hecht-El-Minshawi[27] mit dem bemerkenswerten Titel „Wir suchen, wovon wir träumen"[28]. Auch hier waren Interviews die Grundlage der Arbeit, wobei es sich um über 37 verheiratete binationale Paare (deutsche Frauen) ohne Kinder handelte. Interessanterweise stammten alle Männer aus dem islamischen Kulturkreis[29] mit der Türkei an der Spitze. Im Ergebnis wurde unter anderem festgestellt, dass auch bei dieser Konstellation von Partnerschaften bestimmte Erfahrungen im Lebensverlauf, die die Person prägen und deren spezifische Lebenslage zum Zeitpunkt der Begegnung, die Partnerwahl beeinflussten bzw. das Kennenlernen begünstigten. Mit dieser Annahme wurde abschließend und zusammenfassend ein Bedürfnis bei diesen Frauen, die sich „oftmals selbst fremd beziehungsweise anderweitig nicht wohl fühlten, nach dem anderen, dem Fremden in dieser gesättigten, perfektionierten Gesellschaft" gesehen. Schon damals wurde eine belastete „politische Atmosphäre der Gesellschaft" festgestellt, wodurch Ehen deutscher Frauen mit Ausländern missbilligt würden („Nestbeschmutzer"), oft auch durch die eigene Familie. Daraus beispielhaft abgeleitet wurden Probleme mit der Nachbarschaft, bei der Wohnungssuche, auf den Ämtern, durch Arbeitskollegen und in Lokalen. Dieses Ausmaß an Ressentiments ist zwar heute nicht mehr generell anzunehmen, deren sicher noch anzunehmende Existenz kommt aber als zusätzlicher Belastungsfaktor zu den in der hier durchgeführten Studie genannten belastenden Aspekten der letzten Jahre hinzu.

---

27 Promovierte Sozialwissenschaftlerin, Gründerin des Verbands „Interessengemeinschaft der mit Ausländern verheirateten Frauen" (1972), heute „Verband binationaler Familien und Partnerschaften"

28 Béatrice Hecht-El-Minshawi (1990): Wir suchen, wovon wir träumen. Studie über deutsch-ausländische Paare. Nexus Verlag.

29 Ursprünglich waren 97 Paare angeschrieben worden, bereits in dieser Menge bildeten die islamischen Länder den Schwerpunkt.

In ihrem Ende der 2000er-Jahre verfassten, analytisch sehr anspruchsvollen Buch „Biographische Wechselwirkungen"[30] befasste sich Margarete Menz[31] mit der Gestaltung von interethnischen Beziehungen und den dabei bestehenden Herausforderungen, aber auch mit den Chancen („Orte der gemeinsamen Produktion von Wirklichkeit, Möglichkeiten der Realisierung von Lebensentwürfen"). Obgleich bereits im neuen Jahrhundert und in den neuen gesellschaftlichen Realitäten inklusive der zunehmenden Migration angekommen, stellte auch sie immer noch fest, dass sich der Blick auf solche Paare in Deutschland zwischen den Polen der Idealisierung (als Symbole einer multikulturellen Gesellschaft) und der Ablehnung (als Symbole für das „Fremdgehen" deutscher Frauen) bewegt, obgleich sie eine Dekonstruktion des „Fremden" seit Mitte der 1990er-Jahre feststellte. Auch sie beschrieb einen gesellschaftlichen Druck v. a. auf die (deutsche) Frau[32], die durch die ungehörige Wahl des Partners gegen das Homogamie-Gebot[33] verstößt, weshalb sie Ressentiments erlebt, häufig auch von den eigenen Eltern. Binationale Paare stünden also in besonderem Maße vor der Aufgabe, ungewöhnliche und vielleicht auch ungewollte Erfahrungen

---

30 Margarete Menz (2007): Biographische Wechselwirkungen. Genderkonstruktionen und „kulturelle Differenz" in den Lebensentwürfen binationaler Paare. transcript Verlag.

31 Wissenschaftliche Mitarbeiterin am Institut für Allgemeine Pädagogik an der Helmut-Schmidt-Universität in Hamburg.

32 Die seinerzeitige Feststellung, dass für Ehen deutscher Männer mit ausländischen Frauen eher Verständnis in der Gesellschaft gezeigt wird als umgekehrt, entspricht dem auch heutzutage gewonnenen Eindruck.

33 Dortige Erklärung zu Homogamie: Gemeint ist dabei die Heirat innerhalb der eigenen sozialen Gruppe, um deren Weiterbestehen zu sichern. Sie wird prinzipiell als Organisationsprinzip von sozialen Gruppen angenommen. Heterogamie als Heirat außerhalb der sozialen Gruppe soll demgegenüber oftmals entweder durch normative Strukturen oder auch faktische Sanktionen verhindert werden. Was dabei als Heterogamie gilt, ist abhängig von historischen Verläufen ebenso wie von sozialen Prozessen.

und Konstellationen in ihre Lebensplanung und -gestaltung zu integrieren. Menz befasste sich allerdings insgesamt mit binationalen Partnerschaften, es reichte also, wenn die Frau oder der Mann aus einem anderen Land kam, das somit auch der deutschen Kultur ähnlich oder quasi mit ihr verwandt sein konnte. Aus heutiger Sicht irritierend in diesem Zusammenhang ist, dass seinerzeit gesellschaftliche und rechtliche Nachteile auch für Menschen aus der Europäischen Union angegeben wurden, die aber heute nicht mehr auffallen oder auf der bürokratischen Ebene abgeschafft worden sind, zum Beispiel durch die Personenverkehrsfreiheit und Freizügigkeit der Arbeitnehmer und von Dienstleistungen. Jedenfalls erscheint aufgrund der in der hiesigen Einleitung angeführten Gründe eine Differenzierung bei der Herkunft der Partner (kulturelle Zugehörigkeit) bei der Evaluation von solchen Partnerschaften sinnvoll und wichtig.

Savita Caroline Umoette beschreibt in ihrer Magisterarbeit mit dem Titel „Du verstehst mich nicht ...: Kommunikationsprobleme und Lernprozesse in interkulturellen Partnerschaften"[34] die in solchen Beziehungen häufigen Missverständnisse durch Unterschiede in der verbalen und nonverbalen Kommunikation und durch Fehlinterpretationen des Verhaltens des jeweils anderen. Der Schwerpunkt liegt also in der Zeit nach dem Kennenlernprozess, der aber bei der jetzigen Studie gerade im Fokus steht.

Ein sehr wichtiges und gewichtiges Thema mit Spannungspotenzial in diesen Beziehungen kann die Religion sein, insbesondere wenn deren aktive Ausübung einer der Seiten oder beiden wichtig ist. Nicht nur im persönlichen Alltag, sondern auch bei Themen wie Kindererziehung kann es hier zu erheblichen Irritationen und gar Konflikten kommen. Auch die Eheschließung hat ihre eigenen Hindernisse und Schwierigkeiten. Beispiele für die ver-

---

34 Magisterarbeit aus dem Jahr 2000, Institut für Ethnologie, Ruprecht-Karls-Universität Heidelberg.

schiedenen möglichen Konflikte finden sich in einer ausführlichen Broschüre des Erzbistum Köln[35]. Im Übrigen finden sich dort auch Lösungsansätze zu manchen Problemen.

Die Diplomarbeit von Julia H. Schroedter mit dem Titel „Binationale Ehen in Deutschland"[36] erhielt im Jahre 2006 den Gerhard-Fürst-Preis[37]. Dabei wurde das Heiratsmuster der größten Migrantengruppen aus den ehemaligen Anwerbeländern – Griechenland, Italien, Ex-Jugoslawien, Portugal, Spanien, Türkei – analysiert. Es gibt also große Unterschiede in der Auswahl der Population im Vergleich zu der aktuellen Studie: Es geht nur um Ehen, es ist nur ein Land aus dem Orient vertreten, es sind Männer und Frauen eingeschlossen, es geht um die Intention und Motive der Migranten. Trotzdem beinhaltet die Arbeit durchaus auch Aussagen und Ergebnisse, die für die aktuelle Studie von potenzieller Relevanz sind und auf die in der späteren Diskussion näher eingegangen wird, zum Beispiel die Bedeutung von individuellen Präferenzen (Einstellungen, Werthaltungen, Lebensstil) und die Einflüsse der sozialen Gruppe (Akzeptanz und Sanktionen vonseiten der Familie oder anderen nahestehenden Personen, dortige Normen) auf die Partnerwahl.

Nadja Milewski vom Rostocker Zentrum zur Erforschung des demografischen Wandels und ihr Kollege Hill Kulu von der University of Liverpool veröffentlichten im Jahre 2014 ihre Untersuchung über mehr als 5600 Ehen in Deutschland[38], bei der sie zu dem Ergebnis kamen, dass diese instabiler sind als Ehen zwischen zwei Partnern gleicher Herkunft (hier: deutsch-deutsch bzw. ausländisch-ausländisch). Das Scheidungsrisiko lag dabei um

---

35 Katholisch-Islamische Ehen – Eine Handreichung. Erzbistum Köln, Hauptabteilung Seelsorge. 2016.
36 Statistisches Bundesamt, Wiesbaden 2006.
37 Das Statistische Bundesamt fördert damit die Beschäftigung mit Fragen der amtlichen Statistik im Rahmen der Hochschulausbildung.
38 Siehe Fußnote 12

64 % höher. Als Risikofaktoren wurden kulturelle Unterschiede etwa in der Religionszugehörigkeit oder beim Rollenverständnis genannt, aber auch höhere Alters- und Bildungsunterschiede.

Das Buch „Paarbeziehungen. Bikulturalität. Globalisierung"[39] aus dem Jahre 2014 befasst sich mit binationalen Konstellationen in Deutschland im Allgemeinen. Es untersucht die Transformation der Gesellschaft im Kontext der kulturellen Globalisierung. Konkret geht es um die Frage, ob sich die Situation dieser Paare seit der ersten Studie circa 20 Jahre zuvor verändert hat und ob die entsprechenden Hinweise gegebenenfalls auf Globalisierungseffekte schließen lassen. Für die aktuelle Studie zeigen sich keine relevanten Bezüge, allenfalls in Zusammenhang mit den auch von anderen Stellen erwähnten und mehrfach zitierten gesellschaftlichen und bürokratischen Hürden für bestimmte Migranten und die entsprechenden Paare.

Es gibt zu diesem Thema auch einige Foren in Online-Medien, viele Kommentare und Diskussionen im Netz, auch einige Artikel dort und in Print-Medien.

So bietet sich Pamela Urban unter dem Titel „Wie sich dein Wunsch als deutschsprachige Frau nach einer Partnerschaft auf Augenhöhe mit deinem arabischen Mann erfüllt" als Mentorin, Coach und Beraterin für eben solche Beziehungen an (www.pamelaurban-women-mentoring.com). Dabei hebt sie insbesondere die Notwendigkeit einer Klarheit bezüglich der Kultur, Religion und Prägungen des aus der zum Teil komplett andersartigen arabischen Welt stammenden Partners hervor. Der Titel ihrer Facebook-Seite lautet: „Liebe ohne Grenzen. Die Schlüssel

---

39 Brigitte Weißmeier, Klaudia Jacobs (2014): „Paarbeziehungen. Bikulturalität. Globalisierung". Verband binationaler Familien und Partnerschaften, LIT Verlag.

für deutschsprachige Frauen, die eine glückliche Partnerschaft auf Augenhöhe mit einem arabischen Mann leben möchten."[40]

Jaqueline Eddaoudi geht einen Schritt weiter und bietet sich als Expertin für den Umgang mit der orientalischen Welt im privaten und beruflichen Alltag an (www.dieorientalischewelt.com). In ihren Blogartikeln, Büchern, Vorträgen und Workshops gibt sie Tipps für das Arbeiten im interkulturellen Umfeld.

In der Tageszeitung „taz" erschien am 30.09.2018 ein sehr aufschlussreicher Artikel über die Hintergründe des Scheiterns einer Liebesgeschichte zwischen einer deutschen Frau und einem syrischen Flüchtling, obwohl diese vielversprechend begann. Titel: „Nicht kompatibel". Als schwierige Diskussionsthemen wurden u. a. folgende genannt: Kindererziehung (Offenheit und Freiheit hier, starke Familienbande und wachsamere Augen dort), Liebe (dort poetische, idealistische Romantik), Familie (hier Betonung der Bedeutung des Individuums) und die Rolle der Frau in der Beziehung (dort Vermittlung des Gefühls für den Mann, gebraucht zu werden). Letztendlich wurde das Scheitern der Beziehung mit „Inkompatibilitätsproblemen" begründet.

Die Süddeutsche Zeitung veröffentlichte am 17.11.2017 von Johanna Bouchannafa „Zehn Sätze, die man nicht mehr hören kann, wenn man mit einem Muslim zusammen ist" (und die empfohlenen Antworten dazu):

- Trägst du jetzt bald Kopftuch?
- Musst du jetzt konvertieren?
- Trinkt der denn Alkohol?
- Und was ist mit Schweinefleisch? Isst er das?
- Akzeptiert seine Familie dich denn?
- Wollt ihr jetzt bald heiraten?

---

40 https://www.facebook.com/pamela.urban.women.mentoring/

- Sagt der denn was, wenn du alleine feiern gehst oder kurze Kleider anziehst?
- Dein Mann ist ja nicht so ein strenger Muslim, dann geht das ja noch.
- Ich finde halt, dass der Islam so frauenfeindlich ist.
- Und wenn ihr mal Kinder habt?

Diese Fragen verdeutlichen beispielhaft die schwierigen gesellschaftlichen Rahmenbedingungen für Frauen in diesen Partnerschaften, sie sind auch in Zusammenhang mit der aktuellen Studie in Hinblick auf die Frage relevant, ob sie im Kennenlernprozess und der Entscheidungsfindung eine Rolle spielten.

Der Ethno-Comedian Bülent Ceylan – Vater Türke, Mutter Deutsche, zum Christentum konvertiert – berichtet in einem Interview mit Giovanni di Lorenzo[41] von seinen negativen Erfahrungen als türkischer Jugendlicher in Deutschland und von seinem erfolgreichen Bestreben, ein anderes Bild von Migranten abzugeben. Dennoch verneint er nicht den Satz: Einmal Türke, immer Türke. Solche „Halbwahrheiten" prägen auch die kollektive Wahrnehmung der Gesellschaft und sind insofern auch für die Fragestellung der aktuellen Studie von Relevanz, zum Beispiel in Bezug auf gemeinsame Kinder.

Passend hierzu berichtete die Politikerin Sahra Wagenknecht – Vater Perser, Mutter (Ost-)Deutsche – im Jahre 2024 gegenüber dem Tagesspiegel von Mobbingerfahrungen in der Schule aufgrund ihres dunkleren Teints und der dichten schwarzen Haare.[42]

---

41 Giovanni di Lorenzo (2023): Vom Leben und anderen Zumutungen. Verlag: Kiepenheuer & Witsch.
42 Die Demagogin, die geliebt werden will: Sahra Wagenknechts neues Gespür für Macht. Tagesspiegel, 28.04.2024.

In einem NDR-Beitrag vom 13.12.2018 „Christlich-muslimische Paare: Jeder lebt seine eigene Religion" arbeitete Michael Hollenbach die positiven Aspekte (vornehmlich als Bereicherung zusammenzufassen) und die Herausforderungen (zum Beispiel auch bei der Erziehung der Kinder) heraus, dabei auch die Notwendigkeit und Fähigkeit zur gemeinsamen Kommunikation. Wie sich aber auch aus manchen Interviews im Rahmen der aktuellen Studie herausstellen wird, stellt die Religion nur einen Aspekt der orientalischen Kultur dar, die Konflikte generieren kann.

Armand Farsi ging in seiner wegweisenden Dissertation aus dem Jahre 2012[43] einem völlig anderen Thema nach, nämlich dem Berufserfolg von Akademikern (!) mit Migrationshintergrund. Entfernt mit der hiesigen Fragestellung verwandt ist die dortige Statistik, dass 60 % aller liierten Teilnehmer in einer festen Partnerschaft mit einer Person mit Migrationshintergrund standen, davon wiederum 64 % in einer Partnerschaft mit Personen desselben Migrationshintergrundes. Diese Befunde wurden vor dem Hintergrund der Prämissen der Homophilie[44]-Theorie gedeutet, wonach soziale Verbindungen eher mit soziostrukturell ähnlichen Personen eingegangen werden, im vorliegenden Fall in Bezug auf Bildungsabschluss und ethnische Herkunft bei der Partnerwahl. Hierzu gibt es viele Studien und Publikationen, deren Wiedergabe den Rahmen dieser Untersuchung sprengen würde.[45]

Von den vielen Publikationen zum Thema Homophilie sei eine von Dr. Fariba Karimi erwähnt.[46] Sie betrachtet die durch dieses

---

43 Siehe Fußnote 1.

44 Ähnlichkeitsattraktion – oder: Gleich und gleich gesellt sich gern.

45 Zum Beispiel Skopek, J. et al. (2009): Partnersuche im Internet: Bildungsspezifische Mechanismen bei der Wahl von Kontaktpartnern. Kölner Zeitschrift für Soziologie und Sozialpsychologie 61.

46 Fariba Karimi, Mathieu Génois, Claudia Wagner, Philipp Singer & Markus Strohmaier (2018): Homophily influences ranking of minorities in social networks. Springer Scientific Reports 8, Art. N. 1107.

Phänomen bedingten Gemeinsamkeiten (gleiche Persönlichkeits-merkmale) als vorteilhaft und als bestes Fundament für eine Beziehung, während es für Minderheiten negative Auswirkungen hat, indem sie ihre Fähigkeit einschränkt, Verbindungen mit der Mehrheitsgruppe zu knüpfen. Es wurde aber nicht daraus geschlossen, dass es eine hohe Übereinstimmung zwischen den relevanten Persönlichkeitsdimensionen zwischen Partnern unterschiedlicher Herkunft nicht geben kann.

Zusammenfassend gibt es aus der jüngsten Zeit keine vergleichbare Untersuchung zu der hier geplanten Fragestellung, zumal es hierbei nicht um die Frage „warum" geht, sondern „warum trotz allem".

4. Methodik

Es wurden mit über 30 deutschen Frauen[47] Interviews durchgeführt (semistrukturierte Interviews). Die Rekrutierung erfolgte über die Suche über Freunde und Bekannte, Kontaktierung von binational/bikulturell ausgerichteten Vereinen und Verbänden und Anzeigen auf Social Media (Facebook[48], Instagram), in der nachbarschaftlichen Plattform www.nebenan.de und durch Aushänge an diversen Fakultäten der Universität Hamburg und an Fachhochschulen mit folgendem Inhalt[49]:

„Für eine Studie mit dem Thema bikulturelle Beziehungen werden deutsche Frauen (20- bis 60-jährig) gesucht, die sich in einer orientalischen Beziehung (islamische Länder, Naher und Mittlerer Osten und Nord Afrika) befinden (Partnerschaft, Ehe – Beginn der Beziehung nach 2010) oder befunden haben. Es findet ein ca. 45-minütiges Interview statt, selbstverständlich anonym[50]. Der Ort ist abzusprechen. Das Interview kann auf Wunsch auch online erfolgen. Wer hat Interesse? Am besten melden über WhatsApp. Vielen Dank!"

---

47 Eingebürgerte Frauen mit Migrationshintergrund waren damit nicht gemeint, auch nicht deren Kinder, da bei einem solchen Hintergrund die hiesige Fragestellung kaum Sinn gemacht hätte. Bei nur einem deutschen Elternteil durfte der andere Teil nicht aus dem orientalischen Raum stammen.

48 Hier war insbesondere die Unterstützung von Pamela Urban (Coaching für deutsche Frauen mit arabischen Beziehungen) sehr lobenswert, was zuletzt zu einer Welle von Interessierten führte, so dass das anfangs gesteckte Ziel von 20 Interviews ohne Weiteres übertroffen werden konnte.

49 Anfänglich kürzer, im Verlauf zur Präzisierung modifiziert und ergänzt

50 Damit ist gemeint, dass die Klarnamen nur dem Autor bekannt bleiben werden.

Später kam es auch zu Weiterempfehlungen durch einige bereits interviewte Frauen.

Die Wahl der Altersgrenze erfolgte mit dem Ziel, ein möglichst breites Spektrum abzubilden, aber auch, um die Rekrutierung zu erleichtern. Wichtiger erschien die zusätzliche zeitliche Eingrenzung hinsichtlich des Beginns der Partnerschaft (nach 2010), womit die Absicht verfolgt wurde, die Generation von Frauen zu erfassen, die eben die oben aufgeführten Ereignisse auf der lokalen, globalen und gesellschaftlichen Ebene erlebt oder davon Kenntnis haben – und sich trotzdem auf eine orientalische Beziehung eingelassen haben.

Die Rekrutierung gestaltete sich phasenweise schleppend, was manche Frauen im Rahmen der Interviews mit der Hemmung begründeten, über erlebte Schwierigkeiten und Probleme in der Beziehung offen gegenüber einer fremden Person zu berichten. Manche sind kurzfristig und endgültig mit nicht überzeugenden Gründen abgesprungen (z. B. Arbeitsbelastung, auch für die kommenden Monate, Magen-Darm-Erkrankung der Familie, Sehprobleme am Computer), zum Teil auch mit der Begründung eines Unwohlgefühls (nicht näher erklärt); manche haben keine Gründe angegeben. Die Interviewpartnerinnen wohnten in verschiedenen Bundesländern, zum Teil in anderen Ländern (Frankreich, Schweiz, Ägypten), sodass die Gespräche über die Plattformen „Teams" oder häufiger „Zoom" erfolgten.

Die Gespräche dauerten in der Regel länger als vorgesehen, zum Teil deutlich, da entweder seitens der Frauen ein höherer Gesprächsbedarf oder Interesse bestand oder weil die Antworten ausuferten oder Nachfragen erforderlich wurden. Insbesondere, aber nicht nur, Frauen aus gescheiterten Beziehungen sahen – wie am Ende mitgeteilt – in dem Gespräch eine Gelegenheit, das Ganze systematisch Revue passieren zu lassen, für sich neu zu sortieren oder einen anderen Blickwinkel für bestimmte Aspekte der Beziehung zu bekommen. Die persönlichen Treffen fanden in Cafés, in den Wohnungen oder auf dem Campus statt. Bei den meisten fand sicherheitshalber (auch für eventuelle spätere Präzisierungen oder Wiedergabe von thematisch passenden, beispielhaften Geschichten) eine Tonaufnahme statt, selten wurde diese nicht gewünscht.[51]

Es wurden im Interviewformat Fragen verwendet (siehe Anhang), die sich grob in folgenden Gruppen zusammenfassen lassen:

1. Biografisch-soziale Angaben
2. Umstände, Dauer und Stand der Bekanntschaft
3. Eigene und familiäre Vorstellungen zu dem Thema
4. Kinder
5. Kultur und Glauben
6. Abschließende Beurteilung (der Beziehung)

Basierend auf den Antworten zu den Fragen wurde jeweils eine Geschichte geschrieben, um das Lesen der Fälle interessanter und leichter zu machen. Über die Wiedergabe der Interviews waren alle Beteiligten informiert. Die Vornamen wurden geändert, begonnen mit A beim ersten Fall und fortgesetzt mit Namen mit dem jeweils nächsten Buchstaben im Alphabet (so weit gängige Namen vorhanden, nach Erreichen von Z wieder Beginn bei A).

---

51 Bei den ersten Interviews erfolgten noch keine Tonaufnahmen.

5. Ergebnisse

Um einen Überblick über die Eckdaten, Rahmenbedingungen und Haltungen zu bestimmten Themen zu bekommen, was auch die spätere Analyse erleichtert (auch zur Aufdeckung von möglichen Clustern), werden die Ergebnisse hierzu wiedergegeben. Da es sich nicht um eine quantitative Auswirkung handelt, kann es methodisch auch keine statistische Auswertung geben (explorativer Forschungsansatz).

Alter zu Beginn der Beziehung
Das Alter der Frauen bewegt sich zwischen 20 und 50 Jahre, der Mittelwert liegt bei 33 Jahren, nur eine Frau ist älter als 50 Jahre.

Altersverhältnis des Partners
16 Männer sind jünger als die Frau, 15 sind älter, drei sind gleich alt. Fünf der Partner sind mindestens zehn Jahre jünger, einer 20 Jahre. Die Partner sind maximal acht Jahre älter.

Land der ersten Begegnung
Neun Bekanntschaften erfolgten in Deutschland, 13 in der Heimat des Mannes, zehn online. Im Sonstigen lernten sich zwei Paare im Ausland (Österreich, Frankreich) kennen.

Umstände der Bekanntschaft
Diese waren in etwa gleich verteilt zwischen Kennenlernen im Urlaub (10), bei der Arbeit (7), in der Freizeit (7) und online (10).

Frühere nicht-deutsche Beziehung[52]
Neun hatten bereits Erfahrung mit einem orientalischen Partner, 13 weitere mit einem anderen ausländischen Mann, zwölf hatten keine derartige Vorgeschichte.

Dauer der Beziehung/Ehe
Etwas mehr als die Hälfte der Partnerschaften bestanden zum Zeitpunkt der Untersuchung (19), von den beendeten Beziehungen hatten sechs weniger als zwei Jahre gedauert, neun länger als zwei Jahre.

Bedeutung Glaube bei der Frau[53]
Für die meisten der Frauen spielt der Glaube keine Rolle (27), für eine kleine Gruppe ist der Glaube wichtig (3).

Bedeutung Glaube bei dem Mann[54]
Bei den Männern ist der Unterschied geringer: Der Glaube hat für 19 von ihnen keine oder keine große Bedeutung, für 15 Männer hingegen schon (z. B. Beten, Fasten, Moscheebesuch).

Aufenthalt in Deutschland[55]
Elf der Männer sind nach Europa geflüchtet, vier von ihnen sind in Deutschland geboren, acht sind wegen Arbeit/Ausbildung/Partnerschaft hierher migriert, zehn leben in ihren jeweiligen Heimatländern.

---

52 Bei Angabe von früheren Beziehungen zu einem Mann aus dem orientalischen Raum und aus dem sonstigen Ausland wurde hier nur die erstgenannte Beziehung gezählt.

53 Zwei Frauen sind zum Islam konvertiert, eine zum Koptentum, in einer Beziehung waren beide von vornherein Christen.

54 Ein Mann war Kopte, einer in einer anderen christlichen Konfession.

55 Eine deutsch-orientalische Beziehung begann in Paris und setzt sich bis heute (Zeitpunkt des Interviews) dort fort.

Berufliche Qualifikation (der Frau)

Etwas weniger als die Hälfte der Frauen hat/macht eine akademische Ausbildung, die anderen nicht (15 bzw. 19).

Frühere Erfahrung mit Menschen aus diesem Kulturkreis (Schule, Ausbildung, Arbeit, Familie, soziale Kontakte)

Die meisten der Frauen (26) hatten derartige Erfahrungen, die wenigsten (8) nicht.

Ähnliche Konstellation bei Freunden/Bekannten/Familie

Hier kam es zu einer fast gleichen Verteilung: 19 kannten andere Personen in ihrem unmittelbaren Umfeld mit einer ähnlichen Partnerschaft, 15 nicht.

Einfluss der negativen Schlagzeilen der letzten Jahre und des gesellschaftlichen Klimas auf die Kennenlernphase und Entwicklung der Beziehung

Die überwiegende Mehrheit (28) geht davon aus, dass sie sich von diesen Berichten, Informationen und Erzählungen nicht beeinflussen ließen, nur wenige (6) haben eine entsprechende Beeinflussung auf die Anfangszeit der Beziehung angegeben.

Spätere Sorge vor fremdenfeindlichen Erlebnissen bei sich oder/und beim Partner

Die meisten haben entsprechende Sorgen bekundet (19), viele aber auch nicht (11). Bei vier Partnerschaften war die Frage nicht relevant, da der Lebensmittelpunkt des Partners oder von beiden nicht in Deutschland liegt.

Bedeutung der Haltung der eigenen Familie zu diesem Thema

17 der Befragten war die Haltung der Ursprungsfamilie zum Thema orientalischer Partner wichtig, 13 von ihnen legten keinen Wert darauf. In vier Fällen war die Frage nicht relevant (kein Kontakt zu den Eltern oder verstorben).

Reaktion der eigenen Familie

Nur wenige Familien reagierten eindeutig positiv (sieben), viele hatten Bedenken oder positionierten sich klar negativ (14), bei einigen gab es gemischte Gefühle (acht). In fünf Fällen spielte die Frage keine Rolle (Beziehung verschwiegen oder kein Kontakt zu den Eltern oder verstorben).

Reaktion der Familie des Mannes

Im Gegensatz zu den deutschen Familien der Frauen war das Ergebnis hier deutlich zugunsten der neuen Partnerschaft: Nur eine orientalische Familie reagierte eindeutig negativ, eine bekundete gemischte Gefühle, bei einigen (9) stellte sich die Frage nicht (Beziehung verschwiegen oder kein Kontakt zu den Eltern oder verstorben). Die restliche Mehrheit (23) reagierte positiv.

Annahme des orientalischen Nachnamens

Die Bereitschaft, den Nachnamen des Partners anzunehmen (bereits erfolgt bzw. prinzipiell bereit), ist bei etwas weniger als der Hälfte der Frauen (15) vorhanden (19: nicht erfolgt bzw. eher nicht bereit).

Bei Verneinung des letzten Punktes: Annahme des Nachnamens bei Kindern

Von den Frauen, die zur Annahme des Nachnamens des Partners bei sich selbst nicht bereit sind, kann sich wiederum etwas mehr als die Hälfte dies für die Kinder durchaus vorstellen (12); die anderen verbliebenen Frauen jedoch nicht (7).

Vorname von Kindern (tatsächlich vorhanden oder für später geplant oder theoretisch)

Nur eine Frau favorisierte einen rein deutschen Namen für gemeinsame Kinder. Die anderen (13) strebten einen neutralen Namen an (zum Beispiel altbiblisch oder in beiden Ländern bekannt), andere einen orientalischen Namen (11) oder einen Doppelnamen aus Deutsch und Orientalisch (9).

Religiöse Erziehung der Kinder

Die überwiegende Mehrheit (22) strebt eine nicht eindeutig definierte religiöse Erziehung an, als gemischt, offen oder liberal bezeichnet. Immerhin acht Frauen gehen von einer islamischen Erziehung aus (in der Regel als selbstverständlich erachtet), nur zwei wollen ihre Kinder christlich erziehen. Für zwei Frauen spielt die Religion in der Erziehung gar keine Rolle.

Thema Beschneidung beim Sohn

Hier gab es eine große Überraschung, da eine deutliche Mehrheit (17) dem Thema offen gegenübersteht oder es bereits akzeptiert hat (z. T. bereits umgesetzt), wobei zwei Frauen ohnehin zum Islam konvertiert sind. Deutlich weniger (10) lehnen einen solchen Eingriff beim Kleinkind ab, wenige haben sich noch nicht entschieden (5). Für zwei Frauen ist das Thema nicht relevant: eine ist zum Koptentum konvertiert, bei der anderen gehört der Freund einem anderen orientalisch-christlichen Glauben an.

Zweisprachige Erziehung der Kinder

Hier zeigt sich eine deutliche Mehrheit dafür, dass das Kind parallel auch die Sprache des Partners erlernt (31), nur drei Frauen schließen dies aus[56].

Leben im Land des Partners

Etwa die Hälfte der Frauen (16) schließt ein dauerhaftes Leben im Orient aus, immerhin neun von ihnen können es sich prinzipiell vorstellen, sechs Frauen nur unter ganz bestimmten Umständen. Drei Frauen leben bereits im Heimatland des Partners.

Ggf. Ende der Beziehung aus eher kulturellen Gründen

Die meisten Frauen befinden sich in laufenden Partnerschaften (22). Bei den gescheiterten Beziehungen (12) gaben die meis-

---

56 Mit mangelnden Kenntnissen oder unzureichender Disziplin des
   Partners begründet.

ten (8) kulturelle Gründe an, die anderen (4) sahen eher andere Gründe für das Scheitern der Partnerschaft.

Empfehlung solcher Partnerschaften an andere Frauen
Die überwiegende Mehrheit der Frauen (23) ist zurückhaltend bei der Frage, ob sie anderen deutschen Frauen eine solche Beziehung empfehlen oder davon abraten würde. Nur acht Frauen sprechen sich eindeutig dafür aus, drei dagegen.

Zustand bei Empfehlung solcher Partnerschaften
Von den acht Frauen, die eindeutig anderen deutschen Frauen einen orientalischen Partner empfehlen, befindet sich die Hälfte in einer laufenden Beziehung, bei der anderen Hälfte ist diese gescheitert.

6. Die einzelnen Interviews

Die Wiedergabe der Interviews im Folgenden erfolgt nicht chronologisch. Es wurde vielmehr der Versuch unternommen, Gemeinsamkeiten zwischen den einzelnen Geschichten zu finden, um anhand von daraus abgeleiteten Kategorien Cluster zu definieren, unter denen sich mehrere Personen finden. Eine Trennschärfe ist hier nicht gegeben, zumal es auch zu Überlappungen zwischen den Gruppen kommt[57].

6.1 Die Konvertitinnen

Interessant an dieser Gruppe von Frauen ist, dass durch die Übernahme des Glaubens des Partners – in einem Fall des Koptentums – zwar einige Themen mit Konfliktpotenzial oder erhöhtem Diskussionsbedarf entfallen oder sich abschwächen, dennoch welche übrig bleiben, die der regionalen Tradition beziehungsweise der dortigen Kultur – jenseits der Religion – entstammen. Die Religion scheint somit nicht maßgeblich zu sein, wenn auch oft thematisch sehr präsent.

<u>Emilia</u>
Emilia studiert interkulturelle Kommunikation und Bildung. Sie hat mit Anfang 20 bei einem Aufenthalt in Marokko Interesse für den Islam entwickelt und ist dann später – zurück in Deutsch-

---

57 Der Fall „Helena" konnte aufgrund der besonderen Konstellation – gleichgeschlechtliche Partnerschaft – bei der Auswertung nicht berücksichtigt werden (etwas konträr zum Hintergrund der hier untersuchten Fragestellung). Aufgrund von bestimmten, kulturell bedingten Ähnlichkeiten zu anderen Fällen wurde aber die Geschichte trotzdem hier belassen. Bemerkenswerterweise wünschte die Interviewpartnerin unbedingt die Teilnahme an der Studie.

land – konvertiert. Sie hat gezielt über eine entsprechende App für Partnersuche einen muslimischen Mann gesucht und gefunden (ein Jahr älter), mit dem sie mittlerweile verheiratet ist und ein Kind hat. Während sie aus Sorge vor gesellschaftlichen Nachteilen ihren Nachnamen behalten hat, besitzt das Kind einen arabischen Vor- und Nachnamen. Das Thema Beschneidung des Sohnes war durch die deutsche Sozialisation schwierig für sie, dennoch hat sie es als religiöse Vorschrift akzeptiert. Durch ihre Konvertierung kommen bestimmte Missverständnisse und Diskussionsthemen gar nicht auf, die verbliebenen, rein ethnisch-kulturellen Differenzen (hauptsächlich und phasenweise schwerwiegende Eifersucht des Partners) scheinen gut lösbar. Sie schätzt an Männern aus dem Kulturkreis ihres Ehemannes die Freundlichkeit und Wertschätzung gegenüber Frauen beziehungsweise das Fehlen typischer abwertender Bemerkungen und Kommentare vieler deutscher Männer über Frauen.

Janine

Janines Berufsfindung ist noch nicht abgeschlossen, unter anderem ist sie Heilpraktikerin. Sie hat sich schon immer für die türkische Kultur interessiert, sodass sie bereits mit Anfang 20 aus Interesse zum Islam konvertiert ist. Fortan hat sie nur Beziehungen zu türkischen Männern gehabt. Ihre österreichische Mutter ist in einem südamerikanischen Land aufgewachsen. Ihre Familie war immer offen für ihre türkischen Beziehungen, die sie immer gezielt sucht. Die letzte Partnerschaft, die ihre Anfänge auf einer Silvesterparty 2017/2018 hatte, hat zweieinhalb Jahre gedauert. Sie war Ende 20, er circa ein Jahr jünger. Trotz mancher kulturellen Probleme scheinen diese für das Ende der Beziehung nicht im Vordergrund gestanden zu haben. Sie kann sich sogar ein Auswandern in die Türkei vorstellen (konkret geplant). In einem solchen Fall würde sie sich leichter für einen gemeinsamen türkischen Nachnamen und auch für entsprechende Vornamen für Kinder entscheiden. Diese Entscheidung würde auch die zukünftige religiöse Erziehung bestimmen, wobei sie diese gerne eher offen gestalten würde. Das Thema Beschneidung bei einem Jungen sieht sie positiv. Eine generelle Empfehlung für derartige Beziehungen kann sie nicht abgeben, die kulturellen Unterschiede mit Konfliktpotenzial werden durchaus als sehr groß wahrgenommen.

Zita

Schon seit vielen Jahren besucht die Ende 20-jährige Erzieherin ihre in Ägypten lebende Freundin, die mit einem Einheimischen verheiratet ist. Bei einem dieser Besuche vor vier Jahren lernte sie einen gleichaltrigen Bekannten dieses Ehemannes kennen, der Kopte ist. Bereits im Folgejahr ist sie konvertiert und hat ihn geheiratet. Sie hat dort eine Wohnung auf eigenen Namen gekauft, wo sie sich mehrmals im Jahr mit ihrem Sohn (im Grundschulalter) bei ihrem Mann aufhält. In zwei Jahren wird das im Bau befindliche Haus fertig sein (ebenfalls auf ihren Namen), sodass sie dauerhaft nach Ägypten ziehen wird, auch um dem schlechten Wetter Mitteleuropas zu entfliehen. Sorgen bezüglich der Herkunft ihres Mannes hatte sie nur insofern, als sie immer wieder davon gehört und es auch erlebt hat, dass die meisten dieser Männer finanzielle Interessen haben. Sie besteht darauf, dass es keine finanzielle Zuwendung ihrerseits an ihn geben wird. Durch die nunmehr gemeinsame Konfession sind viele potenzielle Diskussionsthemen weggefallen. Trotzdem hat sie aufgrund kritischer Bemerkungen von ihm ihr Verhalten gegenüber anderen Männern und ihre Kleidung vor Ort angepasst. Ihre Eltern aus einer bayerischen Provinz hätten sich lieber einen deutschen Partner an ihrer Seite gewünscht. Ihre beiden besten Freundinnen haben Partner aus diesem Kulturkreis. Seinen Nachnamen hat sie nicht übernommen, würde sie auch allfälligen gemeinsamen Kindern nicht geben, dies wegen zu befürchtender gesellschaftlicher Nachteile. Schöne arabische Vornamen könnte sie sich aber bei Kindern vorstellen. Er kann durch seine Arbeit gut Deutsch, sonst hätte sie sich nicht auf ihn eingelassen. Im Vergleich zu ihrem deutschen Ex-Mann ist er netter und herzlicher, und sie ist von seiner Familie sehr offen aufgenommen worden. Negativ im Vergleich ist die Arbeitsmoral. Insgesamt würde sie anderen Frauen eine solche Beziehung nicht empfehlen, da meistens finanzielle Interessen bestehen, außerdem wird es bei unterschiedlichen Religionen schwierig.

6.2 Anpassungswillig und entgegenkommend

Bei einer hohen Anzahl von Frauen – hier die größte Gruppe – wird bei bestimmten Themen die von sich aus empfundene Bereitschaft für die Annahme oder Berücksichtigung bestimmter kultureller Aspekte des Partners – zum Beispiel Auswahl der Vornamen für Kinder – als eine Art Entgegenkommen bezeichnet. Darüber hinaus wird bestimmten, kulturell gefärbten Wünschen des Partners – zum Beispiel hinsichtlich Outfit der Frau, ihrer Freizeitgestaltung und der Kontakte zu männlichen Freunden – relativ unkompliziert entsprochen. Es kann unterstellt werden, dass diese Anpassungen und Verzichte die Wahrscheinlichkeit für das Funktionieren der Beziehungen erhöhen, selbstverständlich ohne dies zu garantieren, wie man unten sehen wird. Zitas Geschichte ist bereits oben erzählt worden, sie passt aber auch zu dieser Gruppe, bemerkenswerterweise, obgleich sie seine orientalisch-christliche Konfession angenommen hat. Auch Barbara (siehe unten) könnte gewissermaßen dieser Gruppe zugeordnet werden.

<u>Bettina</u>
Bettina arbeitet im Bereich Medien. Sie hatte früher eine Beziehung zu einem Mann aus Afrika. Später verliebte sie sich als 32-Jährige im Urlaub in Marokko, nach zweijähriger Fernbeziehung hat sie ihren sieben Jahre jüngeren Freund nach Deutschland geholt und geheiratet. Seine Andersartigkeit war für sie spannend. Sein beruflich bedingter Kontakt zu Europäern hat ihre Sorgen bezüglich Anpassungsfähigkeit relativiert. Ihre Eltern haben gemischt reagiert, seine reagierten wohlwollend. Sorgen wegen der negativen Schlagzeilen der letzten Jahre hat sie nicht gehabt. Sie hat ihren Nachnamen behalten, die Kinder haben

seinen bekommen, als eine Art Entgegenkommen ihm gegenüber. Deren Vornamen sind auch arabisch, dabei aber leicht zu
schreiben. Der erste Junge ist beschnitten worden, beim zweiten
hat sie sich durchgesetzt und es verhindert. Sie sind aber nicht
religiös erzogen worden und nicht zweisprachig aufgewachsen.
Die maßgeblichen Probleme in der Ehe waren kultureller Natur,
was letztendlich zur Trennung und Scheidung geführt hat. Anderen deutschen Frauen würde sie eine solche Partnerschaft nur
empfehlen, wenn der Mann hier geboren oder aufgewachsen ist.

Daniela

Daniela machte vor zehn Jahren mit Mitte 30, während ihres
Studiums der Islamwissenschaft, einen Sprachkurs in Jordanien.
Aus einem ungezwungenen Treffen mit dem Verwandten eines
Bekannten (vier Jahre älter) entwickelte sich schließlich eine
Fernbeziehung. Das belastete gesellschaftliche Klima hat sie damals nicht beeindruckt. Anfangs hat sie lange damit gezögert,
die Beziehung in ihrem sozialen Umfeld öffentlich zu machen.
Ihre Familie mit christlichem Hintergrund hat gemischt reagiert,
seine Eltern wiederum wollten, dass die bis dahin lose Beziehung
schnell offiziell wird, sodass es drei Jahre später unerwartet zu
einer Verlobung kam, bald darauf zur Heirat und zum Beginn
des gemeinsamen Lebens in Deutschland. Mittlerweile sind zwei
Kinder aus der Ehe hervorgegangen. Die Tochter hat einen orientalischen Vornamen erhalten, der Sohn einen Doppelnamen,
wobei der erste Name deutsch ist. Sie hat ihren Nachnamen behalten, was bei Heiraten vor Ort üblich ist. In Deutschland hat
sie den Namen auch nicht ändern lassen. Die Kinder hingegen
haben seinen Nachnamen bekommen, worauf er bestanden hat.
Sie ist ihm damit entgegengekommen, was aber auch wegen der
doppelten Staatsbürgerschaft (zwei Pässe) notwendig war. Die
Beschneidung des Sohnes wurde während eines dortigen Urlaubs
überraschend thematisiert und letztendlich gegen ihren Willen
in der Häuslichkeit der Eltern umgesetzt. Nicht nur wegen der
nachfolgenden Komplikationen hat der Mann später diesen
Schritt bereut. Die Taufe der Tochter hat er mehr oder weniger

kommentarlos akzeptiert. Die Kinder wachsen nicht zweisprachig auf, er hat es früh aufgegeben, mit ihnen auf Arabisch zu reden. Gesellschaftliche Nachteile in Zusammenhang mit dieser Beziehung hat sie persönlich oder bei den Kindern nicht erlebt. Schwierig sind die kulturell bedingten Themen sowie häufigerer Konsum von Süßigkeiten durch die Kinder und deren sexuelle Aufklärung. Sie ist mit ihrer Entscheidung zufrieden, sie sieht die Besonderheit der damit verbundenen Herausforderungen als Ansporn. Mit einem deutschen Mann wäre die Partnerschaft wahrscheinlich weniger kommunikativ abgelaufen.

Julia

Als Julia dem 20 Jahre jüngeren Kurden im Rahmen einer gemeinsamen Arbeit (gelernte Ingenieurin) immer näherkam, war sie bereits älter als 45. Sie erlebte ihn als säkular und westlich orientiert. Die Berichte aus seiner Region und über die Kultur hatten keinen Einfluss auf den Kennenlernprozess und die Entwicklung der Beziehung. Durch ihre vielen, zum Teil auch beruflich unternommenen Reisen, einer osteuropäischen Mutter und einer Kindheit in zwei anderen westeuropäischen Ländern fühlte sie sich insgesamt offen für andere Kulturen, sodass sie auch früher beinahe einen Südafrikaner geheiratet hätte. Ihre Eltern waren schon verstorben, seinen Eltern war zumindest eine Verlobung wichtig. Wäre es zur Heirat mit ihrem kurdischen Verlobten gekommen, wäre sie aus praktischen Gründen bei ihrem Nachnamen geblieben. Den Kindern hätte sie aber – als Zugeständnis an ihn – seinen Namen gegeben. Bei den Vornamen hätte sie versucht, dass man sich auf international gängige Namen einigt. Eine religiöse Erziehung wäre wahrscheinlich nicht Thema gewesen, mit einer Beschneidung eines Jungen wäre sie aber einverstanden gewesen. Die Beziehung ist letztendlich nach einer erheblichen persönlichen Fehlentwicklung und psychischen Problemen bei ihm nach Scheitern einer beruflichen Ausbildung nach drei Jahren auseinandergegangen. Anderen deutschen Frauen empfiehlt sie in solchen Fällen, die Themen Religion und Stellung der Frau rechtzeitig für sich abzuklären.

Uta

Die Studentin für Spanisch und Linguistik lernte mit Anfang 20 den gleichaltrigen jungen Libanesen über Social Media kennen. Sie fand ihn attraktiv und sehr männlich. Bald entwickelte sich eine Beziehung, die auch schnell Probleme aufwies: Kontrolle durch ihn im Alltag, Misstrauen, kritische Kommentare zu Outfit und Make-up, Verbote in Zusammenhang mit Feiern, Ausgehen und Alkoholgenuss (außer mit ihm). Trotzdem hat die Beziehung ein Jahr gehalten. Rückblickend fragt sie sich, ob er ein Ersatz für ihren spanischen Vater darstellte, der die Familie verließ, als sie ein Kleinkind war. Aus dem Studium kannte sie einige Frauen in einer ähnlichen Beziehung. Ihre Mutter hatte ihr aufgrund einer eigenen negativen Erfahrung ausdrücklich von Männern aus dieser Region abgeraten, weshalb sie ihr lange nichts davon erzählte. Erwartungsgemäß reagierte diese auf die spätere Nachricht schockiert. Zu seinen Eltern bestand wohl seinerseits auch wenig Kontakt. Im Falle einer Heirat hätte sie als Beweis der Zugehörigkeit seinen Nachnamen übernommen, sodass auch die Kinder diesen bekommen hätten. Sie hätte ihnen aber europäische Namen gegeben, damit sie es in der Schule und in der Gesellschaft leicht haben. Ihre religiöse Erziehung wäre ein Konfliktthema geworden, da sie es locker sieht. Er hätte auf eine Beschneidung eines Sohnes bestanden, sie hätte ihr nach Aufklärung über die medizinischen Risiken unter Umständen zugestimmt. In Libanon hätte sie nicht leben wollen, auch wegen der Sprache. Andererseits hat sie sich seinetwegen Tattoos mit arabischer Schrift machen lassen. Sie ist nur spirituell gläubig. Er hat zwar gebetet, hat aber auch kriminelle Handlungen begangen, was sie widersprüchlich fand. Später durfte sie nur mit ihm zusammen Alkohol trinken. Letztendlich haben die anhaltenden problematischen Verhaltensweisen und Haltungen bei ihm dazu geführt, dass sie die Beziehung beendet hat. Sie glaubt nicht, dass eine Beziehung zu einem Moslem ohne Unterordnung funktionieren könnte. Sie selbst würde sich nicht noch einmal auf eine solche Partnerschaft einlassen.

Edith

Die Empfangsmitarbeiterin aus einer Großstadt in Nordrhein-Westfalen hat schon immer auf südländische Männer gestanden. Als sie dann mit Anfang 30 auf einer Dating-App den ein Jahr jüngeren, attraktiven Araber sah, war seine Herkunft für sie nicht relevant. Mittlerweile sind sie seit einem Jahr zusammen. Aus Syrien ist er mit Mitte 20 nach Deutschland gekommen. Die Beziehung entwickelte sich zäh, da er zunächst keine feste Partnerschaft wollte und sie als kühl und distanziert erlebte. Von ihrer Familie reagierten die Mutter und eine Schwester negativ; seine konservative und in Syrien lebende Familie ist nicht im Detail informiert (uneheliche Beziehung nicht gewünscht). Frühere Beziehungen zu Deutschen fand sie „nicht besonders". Sie war früher mal mit einem Mann aus dem Iran und einem aus der Türkei zusammen. Auch ihre Schwester hat einen iranischen Freund, auch sonst kennt sie in ihrem Bekanntenkreis Frauen mit früheren oder aktuellen Beziehungen zu Männern aus diesem Kulturkreis. Im Falle einer Heirat, worüber immer wieder gesprochen wird, würde sie seinen nicht typisch arabischen Nachnamen annehmen, für die Kinder würde sie schöne, leicht aussprechbare arabische Namen wählen. Das Thema Religion wird voraussichtlich spannungsreich werden, da er konkrete Vorstellungen zur islamischen Erziehung der Kinder hat, sie aber – katholisch erzogen – das Thema locker angehen möchte. Mit der Beschneidung eines Sohnes hätte sie kein Problem. Gerne sollen die Kinder zweisprachig aufwachsen. Sie wird später Arabisch lernen. Sie weiß nicht, ob sie ihn heiraten würde, damit er einen besseren Aufenthaltsstatus für die Bundesrepublik erlangt. Es gibt auch Überlegungen, gemeinsam in ein anderes arabisches Land zu ziehen, zumal er sich hier nicht wohlfühlt. Er hat schon fremdenfeindliche Erlebnisse gehabt, sie hat auch schon Sprüche gehört wie: Wo ist dein Kopftuch? Schlägt er dich? Darfst du noch trinken? Es hat sie anfangs irritiert, als er gebetet hat, mittlerweile besucht er nur das Freitagsgebet. Er akzeptiert jetzt auch, dass sie Alkohol trinkt. Für den Fall einer gemeinsamen Wohnung möchte er aber keinen

Alkohol zu Hause haben. Streit hat es außerdem darüber gegeben, dass sie männliche Freundschaften pflegt, die sie deshalb zurückgefahren hat. Diskussionen gibt es auch immer dann, wenn sie als Frau im Streit nicht laut werden darf, er sich aber dieses Recht herausnimmt. Es gefällt ihr, dass er im Vergleich zu mittel- und nordeuropäischen Männern maskuliner ist und sie sich neben ihm weiblicher fühlt und dieses Gefühl besser ausleben kann. In Europa ist man als Frau auf sich allein gestellt. Bei einer solchen Beziehung muss man aber die kulturellen Differenzen berücksichtigen und mit Einschränkungen rechnen. Man sollte sich auf jeden Fall mit dem Islam auseinandersetzen.

<u>Greta</u>
Die damals Mitte 30-jährige Psychologin wollte aufgrund ihrer beruflichen Beschäftigung mit Flüchtlingen nie einen Partner aus diesem Kulturkreis haben, um privat und beruflich zu trennen. Deshalb hat sie den wiederholten Verkupplungsversuchen ihrer persischen Freundin immer eine Absage erteilt, bis sie zufällig dem zwei Jahre jüngeren Iraner auf einer Feier wieder begegnet ist („von einem Liebespfeil getroffen"). Die Beziehung besteht seit zwei Jahren. Sie wusste, dass ihre katholischen Eltern ihn ablehnen würden (deshalb anfangs geheim gehalten), wie sie auch den syrischen Partner ihrer Schwester ablehnen (bei Familienfeiern ausgeschlossen). Seine im Iran lebenden Eltern haben positiv reagiert, obwohl er dort offiziell verheiratet ist und ein kleines Kind hat (Zwangsehe wegen ungewollter Schwangerschaft). Sie hat bereits zwei Beziehungen zu nicht deutschen Männern mit europäischen Wurzeln gehabt. In ihrem Freundeskreis hat sie zwei persische Freundinnen. Im Falle einer Heirat würde sie ihren Nachnamen behalten, da sie ihn mag; bei den Kindern müsste es besprochen werden. Das gilt auch bei deren Vornamen. Da beide nicht religiös sind, sollen sich die Kinder später selbst entscheiden. Die Beschneidung eines Sohnes hätte sie sogar bei einem deutschen Partner aus hygienischen und gesundheitlichen Gründen angesprochen. Die Kinder sollten zweisprachig aufwachsen, sie besucht auch

einen Sprachkurs. Aufgrund ihrer Liebe zu ihm würde sie ihn auch zur Verbesserung seines Aufenthaltsstatus heiraten. Da sie den Iran nicht persönlich kennt, weiß sie nicht, ob sie dort leben könnte. Mit ihm zusammen fallen ihr durchaus fremdenfeindliche Blicke und Kommentare auf. Konflikthafte Diskussionen hat es immer wieder gegeben, da er zeitlich und bei Absprachen unzuverlässig ist, wobei sie in seinen lockeren Ansichten zum Leben auch Vorteile sieht. Sie empfiehlt nicht jeder Frau eine solche Beziehung, viele würden damit nicht zurechtkommen. Man muss neugierig und flexibel sein und auch die Chancen und die Möglichkeit einer Horizonterweiterung darin sehen. Im Vergleich zu ihren früheren Partnern ist er der warmherzigste Mann, den sie je kennengelernt hat. Sie schätzt auch seine Höflichkeit. Zu bedenken ist, dass nicht alle eigenen Gewohnheiten weiter gepflegt werden können.

Hermine
Die 40-jährige Sozialpädagogin war früher mit einem Österreicher verheiratet. Vor einem Jahr betreute sie den zwölf Jahre jüngeren Syrer in einem Flüchtlingsheim. Als dieser nach Deutschland gezogen ist, hat sie ihn dort weiter unterstützt. Durch den wiederholten Kontakt entwickelte sich eine Beziehung. Mittlerweile lebt sie in derselben Stadt im Harz. Sie ist auf Jobsuche. Sie haben islamisch geheiratet. Sie musste anfangs mit Vorurteilen und Ängsten kämpfen, wobei sie eine Mitschuld bei den Medien sieht. Anders als erwartet haben ihre ansonsten weltoffenen Eltern sehr ablehnend auf die Beziehung reagiert; seine waren offen. Auch Freunde haben belustigt Kommentare abgegeben (Musst du ein Kopftuch tragen?). Außer dem früheren Ehemann aus Österreich hatte sie nie eine Beziehung zu nicht deutschen Männern. Im Rahmen ihrer Arbeit hatte sie naturgemäß viel Kontakt zu Menschen aus dem orientalischen Kulturkreis. Die Bürgermeisterin ihres Wohnortes war mit einem Syrer liiert. Im Falle einer erneuten Heirat würde sie seinen Namen übernehmen, was sie sich auch bei ihren Kindern vorstellen kann. Deren Vornamen müssten nur schön sein. Sie sollten beide Religionen

kennenlernen. Bei dem Thema Beschneidung sieht sie Für und Wider. Gemeinsame Kinder sollten zweisprachig aufwachsen. Sie lernt bereits Arabisch. Er hat sie früh auf die Möglichkeit angesprochen, durch eine amtliche Heirat seinen Aufenthaltsstatus zu sichern, was sie damals vehement abgelehnt hat. Heute kann sie es sich vorstellen, wobei sie sich rechtlich beraten lassen würde. Theoretisch könnte sie sich auch ein Leben in Syrien vorstellen, wobei sie das Land noch nicht kennt. Sorge vor fremdenfeindlichen Erlebnissen durch die Beziehung hat sie nie gehabt. Sie selbst ist nicht religiös. Dass er regelmäßig betet, hat sie nie irritiert. Sie trinkt keinen Alkohol (es bleibt auch auf Nachfragen unklar, ob Hermine seinetwegen keinen Alkohol mehr trinkt). Diskussionen gibt es mit ihm über Kontakte von ihr zu anderen Männern, zum Beispiel auch bei Begrüßungen (Küsschen). Bei der Entscheidung für solche Beziehungen muss der Frau bewusst sein, dass es Unterschiede in der Kommunikation und auch kulturell gibt. Sie sieht mehr Hindernisse als bei einer Beziehung innerhalb der gleichen Nationalität. Positiv findet sie die Achtsamkeit und den respektvollen Umgang dieser Männer mit Frauen und den Zusammenhalt der Familie. Mit einem Europäer wäre es aber hinsichtlich des ähnlichen Lebensstandards einfacher.

Ina

Die jetzt 22-Jährige aus einer Großstadt in Sachsen hat nach dem Abitur ungelernt gearbeitet. Vor zwei Jahren wurde sie über Social Media von einem zwölf Jahre jüngeren Tunesier, der illegal in Deutschland lebte, angeschrieben. Nach einem Treffen kam es zu Love Bombing[58], wovon sie bereits früher bei Männern aus dieser Region gehört hatte. Damit und mit einem gewissen

---

58 Internetrecherche (https://de.wikipedia.org/wiki/Love_Bombing): Eine Person wird mit Liebe, Aufmerksamkeit und Geschenken überhäuft, um durch emotionale Manipulation eine Abhängigkeit zu schaffen.

Charisma hat sie sich – damals mental nicht stabil – auf eine Beziehung mit ihm eingelassen. Sie hatte immer wieder Horrorgeschichten über die Beweggründe der Männer für derartige Beziehungen gehört. Die Haltung ihrer Eltern – ehemalige Russlanddeutsche – hierzu war ihr wichtig, sie haben zunächst sehr ablehnend, später gesund-kritisch reagiert; sie meidet aber einen gemeinsamen Kontakt mit ihnen. Seine Eltern sind wiederum froh, dass er endlich eine Zukunft in Europa hat. Mit Menschen aus diesem Kulturkreis hat sie nur bei ihrer Arbeit in der Gastronomie zu tun gehabt. In der Schulzeit hatte sie eine Beziehung zu einem Deutschen, zu Nicht-Deutschen hatte sie nie eine Beziehung, wobei sie auch noch sehr jung ist. Es gab auch in ihrem Umfeld keine ähnliche Beziehungskonstellation. Von Anfang an war klar, dass sie ihn nicht zur Verbesserung seines Aufenthaltsstatus heiraten würde. Dann hat sie letztes Jahr ein Kind von ihm bekommen, was seinem Bleiberecht zugutekommt. Im Nachhinein betrachtet sie alles als einen krassen Fehler von sich. Denn seit der Geburt des Kindes hat er sich in seinem Temperament verändert, er zeigt auch keinerlei Antrieb, um seine Integration vor Ort voranzutreiben. Deshalb lehnt sie auch ab, dass er bei ihr einzieht; er muss sich erst diesbezüglich ändern. Sollte sie ihn dennoch irgendwann heiraten, würde sie seinen Nachnamen annehmen. Sie hat den Fehler gemacht, ihrer Tochter seinen Namen zu geben, wodurch er bei einer gemeinsamen Reise in sein Heimatland das alleinige Sorgerecht hätte, weshalb sie nie eine solche Reise unternehmen würde. Bei dem Vornamen hat sie es sich gut überlegt: Sie hat einen Doppelnamen ohne Bindestrich. Sie würde zwar gerne das Kind in religiöser Hinsicht offen erziehen, hätte aber auch kein Problem damit, wenn er auf eine islamische Erziehung besteht. Bei einem Sohn wäre das Thema Beschneidung sehr konflikthaft geworden. Die bilinguale Erziehung des Kindes ist für sie selbstverständlich. Da er nicht gut Deutsch spricht, erfolgt die Kommunikation aktuell auf Englisch. Wie von ihr befürchtet, hat es gemeinsame fremdenfeindliche Erlebnisse gegeben, sie hat auch Sorge, diese alleine zu erleben. Sie ist gläubig, wenn auch nicht aktiv. Er betet unregelmäßig, was sie nicht gut findet, da es die fehlende Disziplin bei ihm zeigt. Mit Alkohol hat er kein großes Problem. Diskussionen gibt es immer wieder wegen seiner narzisstischen Züge, die sie als typisch für diesen Kulturkreis sieht. Er hat einen schlechten Umgang mit Geld, hält Termine und Versprechungen nicht ein, und er übernimmt keine Verantwortung für sich und die Familie. Manchmal kritisiert er ihre angeblich freizügige Kleidung. Von sich aus hat sie auf ihre Männerfreundschaften verzichtet. Sie nimmt regelmäßig Coaching in Anspruch, um das Grenzensetzen zu lernen. Sie rät von derartigen Beziehungen dann eindeutig ab, wenn der Mann illegal vor Ort ist. Der Umgang mit Frauen ist in mancher Hinsicht besser als bei deutschen Männern. Bei diesen wiederum findet sie die Pünktlichkeit gut. Am liebsten würde sie ihn in eine Kiste stecken und nach Tunesien zu seiner Mutter zurückschicken, damit sie die Lücken in der Erziehung nachholt! Wenn sie sich alles noch mal vor Augen führt, würde sie zur Frage der Empfehlung einer solchen Beziehung für andere Frauen mit einem deutlichen Nein antworten. Sie hat sich und ihr Kind in eine schlechte Situation gebracht. Ohne ihre eigene Familie wäre sie aufgeschmissen.

Paula

Die Psychologiestudentin lernte als junge Erwachsene auf einem Fest eines Freundes ihren ersten, ein Jahr älteren Freund mit türkischem Hintergrund kennen, der in Deutschland geboren und aufgewachsen war. Die bereits damals bekannten negativen Schlagzeilen und das negativ gefärbte gesellschaftliche Klima spielten für sie keine Rolle; sie waren ihr auch nicht bewusst. Frühere Kontakte zu Menschen aus diesem Kulturkreis hatte es kaum gegeben. Manche Angehörigen von ihr reagierten sehr ablehnend, seine weitgehend positiv. Beide waren nicht aktiv gläubig, obgleich sie aus einem römisch-katholisch geprägten Landkreis in Süddeutschland stammt. Angst vor gesellschaftlichen Ressentiments hatte sie nicht, wobei viele auf den Namen ihres Freundes irritiert reagierten. Kulturell bedingte Diskussionen gab es im Zusammenhang mit ihrer – aus seiner Sicht – freizügigen Kleidung im Sommer und ihren männlichen Kontakten, die sie daraufhin gemieden hat. Allerdings hatte das Ende der Beziehung nichts mit kulturellen Differenzen zu tun. Im Falle einer Heirat hätte sie – rückblickend – seinen Nachnamen nicht übernommen, um bei der beruflichen Karriere keine Nachteile zu erfahren. In ihrer damaligen Naivität hätte sie es aber getan. Bei gemeinsamen Kindern hätte sie bei den Vornamen Doppelnamen favorisiert, wobei die Reihenfolge zu besprechen gewesen wäre. Beim Thema Beschneidung eines Jungen hätte sie wahrscheinlich dem zu erwartenden Druck seiner Familie nicht lange standhalten können. Auch wenn die Beziehung ihr insgesamt gutgetan und sie viele Einblicke in seine Kultur gewonnen und auch interessante, in deutschen Familien nicht übliche schöne Erlebnisse – z. B. große Hochzeitsfeiern oder das Zuckerfest – gehabt hat, sieht sie Vorteile bei Beziehungen mit kulturell ähnlichem Hintergrund, was sich bei ihrem darauffolgenden deutschen Freund bestätigt hat.

6.3 Endlich ein echter Mann!

Damit sind nicht nur ein starker Körper und ein gutes, v. a. südländisches Aussehen gemeint, sondern auch eine als protektiv zu bezeichnende Haltung (Beschützer), aber auch die im Verhältnis zu deutschen Partnerschaften besser auszulebende „Weiblichkeit" und die offene(-re) Kommunikation von Begehren durch den Partner. Zum Teil sind einige der Interviews bereits unter einer anderen Gruppe oben erwähnt (Edith, Hermine, Ina; Tanjas Geschichte wird unten erzählt, sie könnten aber auch im weitesten Sinne zu dieser Gruppe gehören: Vorliebe für dunkle Männer).

Iris
Iris lebt in einem konservativen Ort in Süddeutschland und arbeitet dort als Verkäuferin. Sie verliebte sich – mit Mitte 30 – erst bei ihrem zweiten Urlaub in Ägypten in ihren drei Jahre

jüngeren Tauchlehrer, woraus eine seit zwei Jahren bestehende Beziehung entstanden ist. Sie hatte früher schon Beziehungen zu ausländischen Männern, nicht jedoch aus dem orientalischen Raum. Während ihre Eltern wohlwollend reagierten, wissen es seine Eltern immer noch nicht, da sie die Beziehung nicht akzeptieren würden. Im Falle einer Heirat auch nach deutschem Recht würde sie ihren Nachnamen behalten, da sie aufgrund seines eindeutig arabischen Namens Benachteiligungen im Alltag befürchten würde. Da aber ihre Kinder wahrscheinlich islamisch erzogen werden würden, würde sie ihnen seinen Nachnamen und auch arabische Vornamen geben. Sie hätte auch eine Beschneidung bei einem Jungen akzeptiert. Unter bestimmten Umständen kann sie sich ein Leben in seiner Heimat vorstellen. Anderen Frauen empfiehlt sie eine solche Beziehung, da sie spannend und interessant ist und die Männer – anders als in Deutschland – charmant und höflich sind.

Lydia

Die 40-jährige Lehrerin lernte ihren fünf Jahre älteren pakistanisch-stämmigen Partner über eine App kennen, bei der die Frau den ersten Schritt (im Sinne einer aktiven Kontaktaufnahme) macht. Sein Aussehen und seine Liebe zu Musik hatten ihr Interesse geweckt. Er ist seit dem Jugendalter in Europa, seit dem 17. Lebensjahr in Deutschland und nicht aktiv gläubig. Die negativen Schlagzeilen der letzten Jahre spielten bei der Auswahl keine Rolle für sie, zumal sie sein Herkunftsland nicht in die entsprechenden Kategorien einordnete. Nach dem Studium hatte sie beruflich einige Monate in Indien verbracht, außerdem ist sie immer noch mit ihrem früheren Nachbarn, einem Ägypter, befreundet. Zu ihren früheren, nicht deutschen Beziehungen gehört eine aus einem westeuropäischen Land. Ihre Familie reagierte teils sehr kritisch auf die neue Beziehung, er wiederum hat seinen Eltern die Partnerschaft über die gesamten zweieinhalb Jahre verschwiegen. Im Falle einer Heirat hätte sie seinen eindeutig islamischen Nachnamen nicht übernommen, dies aus Sorge vor gesellschaftlichen Nachteilen. Für gemeinsame

Kinder hätte sie international gut aussprechbare, nicht exotische Vornamen ausgesucht, wobei sie ihnen auch einen zweiten Namen in Urdu gegeben hätte, um dem bikulturellen Hintergrund gerecht zu werden. Eine religiöse Erziehung wäre für beide Partner nicht infrage gekommen. Das Thema Beschneidung bei einem Sohn hätte sie eher kritisch betrachtet. Dauerhaft in seinem Land hätte sie nicht leben wollen. Die Beziehung ist im Wesentlichen daran gescheitert, dass er eine sehr liberale und freizügige Interpretation der Partnerschaft verfolgte, was die gemeinsame Beziehung sehr belastet hat. Obgleich sie solche Partnerschaften als bereichernd empfindet, würde sie beim nächsten Mal wahrscheinlich zurückhaltend sein. Von streng muslimischen Partnern würde sie Abstand nehmen.

Verena
Die 22-jährige gelernte Einzelhandelskauffrau (aktuell Kellnerin) lernte vor zwei Jahren bei einem Familienurlaub in Ägypten einen drei Jahre älteren „hübschen Tauchlehrer" kennen, wobei sich erst bei dem – davon unabhängigen – zweiten Aufenthalt zwei Monate später (Taucherausbildung) eine Beziehung entwickelte. In der Folgezeit kam es zu weiteren Aufenthalten vor Ort, einmalig sogar über neun Monate, was sie auch für ein gemeinsames Wohnen nutzten. Darauf folgte eine mehrmonatige Pause, da sie zuletzt häufiger eine Kommunikation auf Augenhöhe vermisste. Mittlerweile läuft die Fernbeziehung weiter. Die negativen Schlagzeilen der letzten Jahre hat sie bewusst verdrängt, um keine Vorurteile zu haben. Die Haltung ihrer Mutter zu ihrer neuen Beziehung war ihr wichtig. Ihre Eltern reagierten tolerant, seine sehr offen. Frühere Erfahrungen mit Menschen aus diesem Kulturkreis hat sie nur im Rahmen der Ausbildung gehabt. Im Falle einer Heirat würde sie als Zeichen der Zusammengehörigkeit seinen Familiennamen annehmen („macht man so"). Den Kindern würde sie arabische Vornamen geben (findet sie schöner als europäische Namen). Beim Thema Religion würde sie offen sein, aber auch Grenzen setzen. Zum schwierigen Thema Beschneidung hat sie noch keine Idee. Die

Kinder sollten zweisprachig aufwachsen. Sie selbst hat Arabisch nicht systematisch gelernt. Zur Verbesserung seines Aufenthaltsstatus würde sie eine Heirat mit ihm nicht vorziehen. In den nächsten Jahren kann sie sich ein Leben in seiner Heimat nicht vorstellen. Und sie befürchtet gesellschaftliche Nachteile, wenn er hierherkommen sollte. Sie selbst ist nicht aktiv gläubig. Dass er betet, findet sie interessant. Sie trinkt selten Alkohol, womit er bisher kein Problem hat. Es hat viele Diskussionen gegeben über die Themen Pünktlichkeit und Aufteilung von Haushaltsaufgaben. Kritisch kommentiert hat er ihre Tattoos. Die Erfahrung mit dieser Beziehung war für sie eine Bereicherung. Sie kann sie anderen Frauen empfehlen, wobei aus ihrer Sicht viel Geduld, Kommunikation, Diskussionen, Durchhaltevermögen, Verständnis und Zurückstecken Voraussetzung wären.

Wiebke
Mit Ende 40 lernte die Erzieherin aus einem ostdeutschen Bundesland bei einem Türkei-Urlaub 2023 den etwa ein Jahr jüngeren Mann kennen, der – wie sich erst später herausstellte – in Deutschland geboren und kurz zuvor aufgrund wiederholter Straftaten und nach zweimaligen mehrjährigen Haftaufenthalten zum zweiten Mal abgeschoben worden war. Trotz wiederholter Streitigkeiten auch beim zweiten Besuch wenige Monate später hatte sie bereits mit dem Gedanken gespielt, seinetwegen in das Land auszuwandern. Es ist erst einmal bei der Fernbeziehung geblieben. Sie würde ihn nicht heiraten, um seinen Aufenthaltsstatus in Deutschland zu verbessern. Die negativen Schlagzeilen der letzten Jahre und das gesellschaftliche Klima hatte sie zwar im Hinterkopf, ließ sich aber davon nicht beeinflussen. In Erwartung einer starken ablehnenden Reaktion ihres Vaters hat sie ihm davon noch nicht erzählt; ihre Mutter ist verstorben. Ihre erwachsene Tochter hat negativ reagiert. Wiebke war früher mit einem Deutschen verheiratet, Erfahrungen mit Ausländern aus dieser Region hat sie im Rahmen ihrer Arbeit mit Jugendlichen gehabt. Im Falle einer Heirat würde sie sich für einen Doppelnamen entscheiden, da

sie ihren Familiennamen gerne behalten möchte; den Kindern würde sie ihren Namen geben, damit sie im Falle einer Trennung einen gemeinsamen Namen hätten. Sie könnte sich aber türkische Vornamen vorstellen. Bei der Religion würde sie eine eher freie Erziehung anstreben, mit dem Thema Beschneidung müsste sie sich intensiver befassen. Die Kinder könnten sehr gerne zweisprachig aufwachsen. Mittlerweile hat sie sich von der Idee eines Lebens in der Türkei distanziert, da es dort kein vergleichbares soziales Absicherungssystem gibt. Beide sind nicht aktiv religiös. Typisch kulturelle Streitthemen hat es nicht gegeben, wobei sie erst später verstanden hat, dass seine ständigen Kontrollen sie beschützen sollten. Schön findet sie auch, dass sie als Frau hofiert wird. Mit ihren deutschen Partnerschaften hat sie unterm Strich negative Erfahrungen gemacht. Dennoch würde sie weder eine solche Beziehung empfehlen noch davon abraten. Es ist ein individueller Prozess.

Barbara

Eigentlich wollte die Mitte 40-jährige Account-Managerin keinen Lebenspartner aus dem Kulturkreis, als sie vor zweieinhalb Jahren einen solchen, drei Jahre jüngeren Mann während eines Kurzurlaubs in Ägypten auf einer Party kennenlernte. Sie bezeichnet es als Fügung, die dazu führte, dass sie drei Monate später heirateten und er bereits einen Monat danach in der Schweiz war, wo sie seit einigen Jahren lebt. Das zeitnahe Heiraten verfolgte die Absicht, ihm schnell zu einer Aufenthaltserlaubnis mit Arbeitsgenehmigung zu verhelfen. Ihre anfänglichen Sorgen hat er ihr im baldigen Verlauf nehmen können. Ihr Freundeskreis hatte schockiert reagiert, ihre und seine Eltern lebten nicht mehr. Zum orientalischen Kulturkreis hatte es manchmal über die Arbeit Kontakte gegeben, früher war sie in einer Beziehung zu einem Kroaten. Um keine gesellschaftlichen Nachteile in der Schweiz zu haben, hat sie seinen eindeutig arabischen Namen nicht angenommen. Allfälligen Kindern würde sie diesen aber geben, da es für ihn wichtig wäre. Aus dem gleichen Grund würde sie die Kinder islamisch erziehen lassen.

In einer Beschneidung würde sie hygienische Vorteile sehen. Sie würde ihnen aber nicht „so ganz arabische Namen" geben. Sie lernt nicht Arabisch, sie unterhalten sich auf Englisch. Sie kann sich ein Leben in Ägypten nicht vorstellen. In der Schweiz ist es immer wieder zu fremdenfeindlichen Erlebnissen bei ihm gekommen. Sie ist gläubig – was ihm wichtig war –, er auch, aber nicht konsequent; so trinken beide Alkohol. Kulturell bedingte Streitthemen hat es immer wieder gegeben, vor allem im Zusammenhang mit der Definition eines respektvollen Umgangs miteinander, bei dem sie sich angepasst hat. Sie kann eine solche Beziehung nicht jeder Frau empfehlen. Es ist viel Arbeit. Nötig sind Akzeptanz der Andersartigkeit und der Kultur. Positiv findet sie, dass er ihr – endlich ein echter Mann – das Gefühl der Sicherheit vermittelt.

Cornelia

Die Mitte 30-jährige Sozialarbeiterin wollte eine Yoga-Weiterbildung in Ägypten machen, als sich der zwei Jahre jüngere (und verheiratete) Betreiber der Unterkunft in sie verliebte und auf eine Beziehung drängte (er habe auf eine Frau wie sie seit Jahren gewartet). Je ernster es wurde, desto mehr Ängste haben sich bei ihm entwickelt, auch hinsichtlich ihrer europäischen Sozialisation (viele Diskussionen) und ihrer Anpassungsfähigkeit im Falle eines Zusammenlebens vor Ort, was sie sich eigentlich vorstellen konnte. Letztendlich ist die Beziehung nach mehreren Monaten aus diesen Gründen gescheitert. Sie selbst hatte seine Herkunft und die potenziell möglichen Schwierigkeiten nicht als Problem gesehen. Sie hatte früher eine Beziehung zu einem Inder (über einjähriger Aufenthalt vor Ort), ihre Schwester hatte sich mal in einen 14 Jahre jüngeren Syrer verliebt, ihre Eltern hatten Flüchtlinge aus Eritrea auf ihrem Grundstück untergebracht. Im Falle einer Heirat hätte sie seinen Nachnamen übernommen, wenn es ihm wichtig gewesen wäre, ansonsten hätte sie aus emanzipatorischen Gründen ihren behalten wollen. Da sie nach Ägypten gezogen wäre, hätten die Kinder wahrscheinlich eher arabische Namen bekommen. Selbst katholisch wäre sie bei den Kindern beim Thema Religion offen gewesen, hätte aber religiöse Regeln nicht gut gefunden. Zum Thema Beschneidung hätte sie sich Informationen eingeholt. Da er dort sein Business hatte, war ein Leben in Deutschland gar nicht Thema. Seine regelmäßigen täglichen Gebete haben sie an ihre Meditationen erinnert. Alkohol trinkt sie nicht. Ohne gezielt zu suchen, würde sie sich nochmals auf eine Beziehung aus diesem Kulturkreis einlassen. Positiv im Vergleich zu deutschen Männern findet sie die stärkere Emotionalität (hier ist vieles rational). Anderen Frauen rät sie bei solchen Beziehungen, sich immer wieder zu reflektieren, dass man sich selbst treu bleibt und sich nicht verliert.

Doro

Eine Nilfahrt der Mitte 40-jährigen Sachbearbeiterin aus Süddeutschland führte zu einer Fernbeziehung zu einem ein Jahr jüngeren Ägypter, die seit zweieinhalb Jahren ausgelebt wird. Dieser Umstand, der auch nicht geändert werden soll – zumal zwei minderjährige Kinder aus der noch nicht geschiedenen Ehe von ihr und ein guter Job von ihm in der Heimat im Raum stehen – stellt viele Überlegungen in den Hintergrund, z. B. kulturelle Unsicherheiten, Haltung der Familie, Spracherwerb, Aufenthaltsstatus, Reaktion des Umfeldes, Sorge vor fremdenfeindlichen Erlebnissen. Diese Situation führt auch dazu, dass es bei den wenigen gemeinsamen Zeiten (letztes Jahr zwei Besuche in Ägypten) kaum Streitigkeiten gibt, wobei ihr Bestehen auf eine offene Beziehung zu Diskussionen geführt hat. Sie war früher zweimal mit Marokkanern in einer Beziehung, in der eigenen Schulzeit hatte sie Kontakte zu diesem Kulturkreis, jetzt gibt es diese aus der Schule und dem Sportverein der Kinder. Im Falle einer Heirat würde sie seinen Nachnamen nur als Zweitnamen (Doppelname) annehmen wollen, zumal er sich gut mit ihrem Vornamen reimt. Bei gemeinsamen Kindern würde sie eher internationale Vornamen favorisieren. Sollte es ihm wichtig sein, würde sie – selbst katholisch-gläubig, nicht religiös – den Kindern eine islamische Erziehung angedeihen lassen, besonders wenn man vor Ort leben würde. Eine Beschneidung sieht sie nur als medizinischen Eingriff gerechtfertigt. Es wäre toll, wenn gemeinsame Kinder zweisprachig aufwachsen würden. Langfristig kann sie sich nur vorübergehende Aufenthalte dort vorstellen. Dass er betet, hat sie nie irritiert; dass sie etwas Alkohol trinkt, kommentiert er nicht. Positiv an ihm im Vergleich zu ihrem deutschen Ex-Mann findet sie, dass er charmant ist und ihr Komplimente macht; negativ ist, dass er sich oft über mehrere Tage nicht meldet. Wenn man sich in einen Mann aus diesem Kulturkreis verliebt, sollte man sich darauf einlassen und es ausprobieren. Es hängt von beiden Seiten ab.

Frederike

Eigentlich wollte die damals Anfang 30-jährige Managerin eines Tauchhotels in Ägypten nie eine Beziehung zu einem Mann aus diesem Kulturkulturkreis eingehen, eben wegen der bestehenden Vorurteile. Dann war aber ein solcher Mann so hartnäckig, dass sie es schließlich aufgegeben und sich auf ihn (ein Jahr älter) eingelassen hat. Im Verlauf konnten die Stigmata mit der Zeit abgebaut werden. Mittlerweile sind sie seit sieben Jahren zusammen und seit drei Jahren verheiratet. Anfangs hat sie sich Gedanken gemacht, was wohl ihre Familie und Freunde darüber denken würden. Ihre Mutter reagierte offen, der Vater war verstorben, sie geht von Bedenken bei ihrem Bruder aus, die er aber nicht ausgesprochen hat. Von seiner sehr traditionellen Familie wurde sie wundervoll aufgenommen. Davor hatte sie nie eine Beziehung zu einem nicht deutschen Mann gehabt. Bei einer früheren Tätigkeit in einem Hotel in Deutschland hatte sie sehr viele Mitarbeiter:innen aus der Türkei. Seinen Nachnamen kann sie nach dem ägyptischen Recht nicht übernehmen, sie müssten nach Deutschland kommen und sich hier amtlich eintragen lassen. Dann würde sie gerne einen seiner nicht typisch arabischen Vornamen als Nachnamen annehmen; die anderen Vornamen oder seinen eigentlichen Nachnamen würde sie aufgrund zu befürchtender Vorurteile nicht übernehmen wollen. Für die geplanten Kinder sind bereits Vornamen ausgewählt worden, die nicht eindeutig islamisch sind und in beiden Ländern funktionieren würden. Dort geboren, wären sie offiziell Moslems, sie würde sie aber gerne offen erziehen. Für eine Beschneidung eines Sohnes wäre sie offen, die Beschneidung eines Mädchens wäre für sie tabu; über diese Haltung von ihr war er schockiert. Sie kann bereits etwas Arabisch. Ein Leben in Deutschland ist für ihn kein Thema. Sie sind beide nicht aktiv religiös. Dennoch stört es ihn, dass sie Alkohol trinkt. Für Diskussionen sorgen auch ihre männlichen Freundschaften. Außerdem fühlt er sich kulturell bedingt unter Druck gesetzt, weil er sich in der Pflicht sieht, ihr ein besseres Leben zu ermöglichen und ihren Ansprüchen gerecht zu werden. Man darf bei solchen Beziehungen nicht die rosarote Brille aufsetzen. Vor ihrer Beziehung hätte sie von solchen abgeraten. Mit ihm hat sie aber den richtigen Seelenverwandten gefunden, der sie auf Händen trägt und dem es wichtig ist, dass es ihr gut geht. Bei 70 % derartiger Beziehungen – oft europäische Frauen mit einem jüngeren Ägypter – geht es um eine ATM-Beziehung[59]! Einfacher bei einem deutschen Mann wäre, dass sie nicht immer im Hinterkopf haben muss, was er wohl denkt, wenn sie zum Beispiel ihre Freizeit frei gestaltet. Auch teure Urlaube werden von einem Europäer eher akzeptiert als von einem ägyptischen Mann.

Jule

Die Lehrerin aus Rheinland-Pfalz lernte mit Ende 20 im Rahmen eines kirchlich organisierten Austausches vor über zehn Jahren den ein Jahr älteren Palästinenser kennen, der aus einem Flüchtlingsheim im Westjordanland stammte. Die Liebe auf den ersten Blick bestätigte sich bei den darauffolgenden Reisen zu ihm in seine Heimat, was zwei Jahre später zu einer Heirat vor Ort führte. Die frühe Entscheidung hierfür sollte den Nachzug und das Zusammenleben in Deutschland beschleunigen. Hier kam es dann zu einer kirchlichen und amtlichen Heirat.

---

59 ATM ist im Englischen die Abkürzung für Geldautomat.

Das Aufwachsen in einer ländlichen Region und das Fehlen jeglicher Kontakte zu Menschen aus diesem Kulturkreis bei sich und auch bei Bekannten und Freunden führten durchaus dazu, dass in der Anfangszeit und in der Kennenlernphase die negativen Berichte der letzten Jahre über diese Region und die islamische Welt nicht ausgeblendet wurden. Bei einem eindeutig arabischen Namen hätte sie diesen wahrscheinlich nicht übernommen – auch wegen der beiden Kinder. Bei ihnen haben sie sich bei den Vornamen für Doppelnamen ohne Bindestrich entschieden, wobei der erste Vorname deutsch ist. Eine bestimmte religiöse Erziehung gibt es nicht: Sie erleben beides, um später selbst ihren Weg zu finden. Die Diskussion über das Thema Beschneidung war schwierig, sie konnte sich aber gegen ihren Mann durchsetzen. Er hat zu wenig Disziplin, um mit den Kindern konsequent Arabisch zu sprechen. Sie selbst hat die Sprache wenig gelernt, zumal er einen lokalen Dialekt spricht. In ihrer Referendariatszeit hat sie ein Jahr in Bethlehem unterrichtet. Wären die politischen Umstände besser, würde sie dort leben. Ihre anfänglichen Ängste vor fremdenfeindlichen Erlebnissen hat sie an ihrem aktuellen Wohnort nicht mehr. Er betet nicht und trinkt Alkohol. Sie selbst ist auch nicht aktiv gläubig. Besonders kontroverse Diskussionen gibt es bei Erziehungsfragen, vor allem TV-Dauer, Zuckerkonsum, Bestrafung als Erziehungsmethode und Achtung vor den Eltern, was von ihm zu sehr betont wird. Bereits jetzt macht er sich Gedanken darüber, dass seine Tochter später einen Freund haben könnte. Erhebliche Kontroversen gibt es auch bei manchen brisanten politischen Themen, z. B. die Verbindung von Israelkritik mit Antisemitismus. Aufgrund ihrer Erfahrung kommt sie zu dem Schluss, dass eine Beziehung zu einem Mann aus diesem Kulturkreis eine Herausforderung darstellt, die aber mit Liebe zu bewältigen ist. Es ist schwieriger als mit einem Mann aus der gleichen Kultur; daher ist Vorsicht geboten. Die Sprachbarriere verhindert zum Teil intensivere Gespräche. Die Ansichten sind zum Teil diametral unterschiedlich. Positiv sind im Vergleich zu deutschen Männern die Wertschätzung, das Ausleben des

Romantischen und das offene Aussprechen von Liebe. Außerdem ist der arabische Mann im Durchschnitt attraktiver als der deutsche Mann!

6.4 Orient – nie gehört!

Heutzutage kaum vorstellbar, aber tatsächlich gibt es Menschen, die bis vor ihrer Beziehung zu einem Mann aus der hier definierten Region „Orient" keinen Kontakt zu Personen aus diesem Kulturkreis gehabt haben, weder durch Reisen noch durch Schule oder Ausbildung. Im Wesentlichen hat dieser Umstand mit der geografischen Lage ihrer Heimatorte zu tun, die von Metropolregionen entfernt sind oder aus anderen Gründen nicht von Migration betroffen sind. Auch wenn man davon ausgehen kann, dass entsprechende Erfahrungen Vorteile für die Entwicklung einer solchen Beziehung haben, finden sich bei den „Orient naiven"[60] Frauen durchaus Partnerschaften, die positiv verlaufen sind, bei denen es gar zur Heirat und Familienbildung gekommen ist. Paulas Geschichte wurde bereits oben erzählt, sie gehört aber auch zu dieser Gruppe.

Sabine

Die Laborantin aus einer Kleinstadt in Süddeutschland lernte ihren ägyptischen Freund zufällig in einem Urlaub in den Vereinigten Arabischen Emiraten kennen. Sie war Anfang 50, er Anfang 40. Weil er nach ihrer Rückkehr nach Deutschland nicht lockergelassen hat, ist der Kontakt geblieben. Bei einem Besuch einige Monate später bei ihm entstand eine Liebesbeziehung, die sich durch Videokontakte und einen weiteren Besuch dort verfestigte. In dieser Zeit wurde sie von anderen auf die vielen negativ gefärbten Berichte der letzten Jahre hingewiesen, die

---

60 Hier im wissenschaftlichen Sinne gemeint: „nicht damit in Berührung gekommen".

aber für sie keine aktive Rolle spielten. Mittlerweile ist er wieder in Ägypten, um von dort aus die Formalien für eine Reise nach Deutschland zu ermöglichen. Sie will ihn heiraten, damit der Aufenthaltsstatus gesichert wird. Im Vergleich zu ihrem Ex-Mann aus Mitteleuropa stellt sie fest, dass er für seine Familie (früher verheiratet gewesen) alles tut; auch besteht nicht die Gefahr, dass sie wieder einen Alkoholiker an ihrer Seite hat. Ihre Familie hat auf ihn unterschiedlich reagiert, die Reaktion seiner Familie ist ihr nicht bekannt, diesbezüglich kommuniziert er nicht offen mit ihr. Frühere Kontakte zu Menschen aus diesem Kulturkreis hat sie nicht gehabt. Sie würde seinen Nachnamen übernehmen, um endlich den von ihrem Ex-Mann loszuwerden. Hätte er allerdings einen eindeutig arabischen Namen, würde sie sich anders entscheiden, auch bei den Kindern, denen sie Doppelnamen als Vornamen geben würde. Eine islamische Erziehung würde sie nicht bei ihnen wollen, sie würde auch eine Beschneidung eines Sohnes ablehnen. Da er freundlich ist, glaubt sie nicht, dass sie mit ihm in der Provinz Probleme haben wird. Er betet und trinkt keinen Alkohol, ihr gegenüber hat er sich aber diesbezüglich offen gezeigt. Nach dem Erwerbsleben kann sie sich durchaus ein Leben in seiner Heimat vorstellen. Bisher negativ aufgefallen an ihm sind seine Unpünktlichkeit und sein Problem damit, dass sie aus seiner Sicht viel redet und auch Gedanken und Emotionen äußert. Anderen Frauen würde sie eine solche Beziehung weder empfehlen, noch würde sie davon abraten. Allerdings sollte man sich klarmachen, dass es erhebliche offizielle Hindernisse gibt, wenn der Partner noch nicht in Deutschland angekommen ist.

Tanja

Als damals 21-jährige Studentin (heute Virtuelle Assistentin)[61] lernte sie bei einem Urlaub mit Freundinnen in Frankreich zufällig einen fünf Jahre älteren Ägypter kennen. Sie

---

61 Digital angebotene Sekretariatsleistung.

verliebte sich schnell in ihn. Nach der Rückkehr aus dem Urlaub gab es digitale Kontakte und regelmäßige Besuche von ihr, sodass sie bereits acht Monate später nach Frankreich gezogen ist, wo sie sich bald verlobt haben. Die negativen Schlagzeilen aus dem Nahen Osten und das belastete gesellschaftliche Klima spielten für sie in der Kennenlernphase keine Rolle (sie bezeichnet sich rückblickend als naiv). Sie hätte ihn auf jeden Fall geheiratet, zur Verbesserung seines Aufenthaltsstatus ist dieser Schritt aber vorgezogen worden. Die von ihr erwartete anfängliche starke Skepsis ihrer einzigen familiären Bezugsperson (ihrer Tante) hat sich durch die positive Entwicklung der Beziehung deutlich relativiert. Das Verhältnis zu seinen Eltern war von Anfang an gut. Sie hatte früher keinen Kontakt zu Menschen aus dieser Region, fand aber dunklere Männer immer interessanter als sehr helle. Da sie aus formalen Gründen in Italien geheiratet haben, hat sie seinen eindeutig arabischen Nachnamen nicht übernehmen können, was sie gerne getan hätte. Die Kinder haben diesen erhalten, dafür aber europäische Vornamen (sie hat keine schönen arabischen Namen gefunden), womit er einverstanden war. Da die Religion für ihn wichtig ist, werden die Kinder im Wesentlichen islamisch erzogen. Mit dem Thema Beschneidung des Sohnes hat sie Probleme gehabt, sie wurde aber dann aus medizinischen Gründen erforderlich, was für sie eine Erleichterung war. Fremdenfeindliche Erlebnisse hat es bewusst wahrnehmbar nur bei Behörden gegeben. Er betet regelmäßig, dass sie Alkohol trinkt, stört ihn aber nicht. Spezifisch kulturelle Streitthemen gibt es keine mehr. Anfänglich haben sie viel über den unterschiedlichen Umgang mit Geld streiten müssen. Sie werden in zwei Jahren nach Ägypten auswandern, was immer ein Wunsch von ihm war. Sie findet es mittlerweile auch gut: Beide nervt das häufige schlechte Wetter in Mittel- und Nordeuropa, sie schätzt dort das weniger Konventionelle und Durchstrukturierte. Anderen Frauen würde sie eine solche Beziehung empfehlen. Als wesentliche Red Flag sollte beachtet werden, dass die Familie des Mannes mitmachen muss. Ansonsten sollte vieles im Vorfeld besprochen und abgeklärt werden.

6.5 Schon vor der Beziehung passender Lebensstil

Kein Alkohol, kein Schweinefleisch, keine Partys, kein freizügiges Leben bereits vor der orientalischen Beziehung. Beide Partnerschaften bestehen noch. Kulturell bedingte Probleme gab es und gibt es trotzdem.

<u>Nadine</u>
Die Sozialpädagogin hatte beruflich viel mit Menschen mit Migrationshintergrund zu tun, und schon immer hatte sie eine Neigung für nicht deutsche Partner und Freundschaften. So war es für sie keine Besonderheit, sich mit Anfang 30 über ein Dating Portal aktiv für den ein Jahr älteren palästinensischen Mann zu entscheiden, den sie zwei Jahre später heiratete. Warnungen Dritter hielten sie von der Beziehung nicht ab. Ihre Familie reagierte zum Teil sehr ablehnend, seine positiv. Ressentiments erlebt sie immer, wenn es neue negative Schlagzeilen in Zusammenhang mit Islamismus gibt. Religiös sind sie beide nicht. Sie hat seinen Namen nicht übernommen, damit nicht beide auf dem Wohnungs- und Arbeitsmarkt Nachteile erfahren. Gemeinsamen Kindern würde sie aber seinen Namen geben, bei Vornamen würde sie sich für Doppelnamen entscheiden. Sollte eine islamische Erziehung bei ihnen gewünscht sein, dürfte diese nicht streng und erzwungen sein. Mit dem Thema Beschneidung bei einem Sohn hätte sie kein Problem. Es gab anfangs einige, z. T. sehr belastende kulturell bedingte Streit- und Reizthemen, die sich aber mit der Zeit relativiert haben. Sollten sich die politischen Verhältnisse in seinem Land bessern, könnte sie sich längere Aufenthalte dort vorstellen. Generell kann sie weder zu solchen Beziehungen raten noch von diesen abraten. Sicherlich haben ihre politische Haltung und ihr Lebensstil – kein Alkohol, Vegetarierin und somit kein Schweinefleisch,

keine Partygängerin – die gegenseitige Akzeptanz, auch durch seine Familie, erleichtert.

Carola

Carola hatte durch den Schwerpunkt ihres Studiums Kontakt zum Nahen Osten, wo sie sich auch wiederholt für längere Zeiten aufgehalten hatte. Sie hat auch zwei Sprachen aus dieser Region gelernt. Eine frühere Ehe mit einem orientalischen Mann scheiterte nach drei Jahren. Ihr jetziger Freund aus Afghanistan ist 2016 nach Deutschland gekommen. Kennengelernt hat sie ihn vier Jahre später, als sie 33 Jahre alt war (er fünf Jahre älter), über eine Dating-App. Ihre Eltern haben bei beiden Beziehungen reserviert reagiert. Seinen Eltern hat er die Beziehung mehr als zwei Jahre lang verschwiegen. Bei der einstigen Ehe hat sie seinen Nachnamen angenommen, was zu Nachteilen in der deutschen Gesellschaft führte; mittlerweile hat sie wieder ihren Geburtsnamen. Deshalb würde sie im Falle einer erneuten Heirat den Nachnamen ihres jetzigen Freundes nicht annehmen wollen. Eigentlich will sie auch nicht, dass die Kinder seinen Nachnamen bekommen, was noch zu Diskussionen führen wird. Deren Vornamen können gerne aus der Region kommen, sie sollten aber in Deutschland leicht auszusprechen sein. Sie hat sich immer schon gewünscht, dass ihre Kinder zweisprachig aufwachsen, was auch ein Motiv für eine nicht deutsche Ehe war. Sie würde eine religiöse Erziehung durch ihn nicht ablehnen, wenn diese liberal bleibt. Das Thema Beschneidung bei einem Sohn sieht sie entspannt. Die frühere Ehe ist nicht aus kulturellen Gründen gescheitert. Deutschen Frauen würde sie nur von solchen Partnerschaften abraten, wenn sie selbst sehr offen und freizügig leben.

6.6 Die „Halben" ...

Einige Frauen haben einen nicht deutschen Elternteil. Allerdings stammt keiner aus der orientalischen Region. Allfällige Vorteile dieses Hintergrundes hinsichtlich der Entwicklung der zukünftigen Beziehung sind trotzdem überlegenswert. Janine, Julia, Yvonne und Uta gehören ebenfalls zu dieser Gruppe, wurden aber schon oben in anderen Gruppen erwähnt.

Florine
Florine studiert Soziale Arbeit. Sie hat sich früh gegen eine Beziehung zu einem deutschen Mann entschieden, was sie mit der Herkunft ihres Vaters aus Lateinamerika begründet. Ihren fünf Jahre älteren syrischen Freund, Flüchtling aus dem Jahre 2015, lernte sie in der linken Szene kennen. Vor diesem Hintergrund spielte die negative gesellschaftliche Atmosphäre zu diesem Thema für sie keine Rolle. Die Beziehung ist bereits nach einem Jahr wegen starker Eifersucht und zunehmenden Misstrauens seinerseits auseinandergegangen. Hätte sie Kinder von ihm bekommen, hätten sie keine typisch deutschen Vornamen bekommen, aber leicht aussprechbare und auch in seiner Heimat nicht völlig fremde Namen. Sie hätte ihnen einen Doppelnamen geben wollen, damit der kulturelle Hintergrund ersichtlich wird. Bei sich selbst hätte sie den Nachnamen behalten, allerdings aus feministischen Gründen. Die Kinder hätte sie nicht religiös erziehen wollen, eine Beschneidung eines Sohnes hätte sie abgelehnt. Allein schon aufgrund ihrer politischen Überzeugung würde sie nicht von solchen Beziehungen abraten. Schön findet sie an den Männern aus diesem Kulturkreis die Warmherzigkeit. Sie empfiehlt bei einer solchen Entscheidung, vorher über bestimmte, kulturell bedingt differente Themen wie Werte, Erziehung, Sprache und Rollenbilder in der Beziehung zu sprechen. Sie weiß andererseits, dass im Zustand der Verliebtheit eine solche rationale Vorgehensweise eher nicht gelingt.

Gaby

Gaby lebt seit vielen Jahren in einer multikulturellen WG mit Menschen aus wechselnden Herkunftsländern. Ein Elternteil stammt aus Nordamerika. Trotz ihrer theologischen Ausbildung, die sie beruflich nicht praktiziert hat, hat sie sich mit Ende 40 auf eine Beziehung mit einem Iraner (17 Jahre jünger) eingelassen. Bei fehlender Religiosität seinerseits gab es diesbezüglich keine Diskussionsthemen. Allerdings litt sie unter seinem andauernden und nicht korrigierbaren Mangel an Hilfsbereitschaft im Haushalt. Die Beziehung wurde nach einem Jahr beendet. Die anschließende Partnerschaft mit einem jüdischen Israeli gestaltete sich zwar im Vergleich zu jener Beziehung im normalen Alltag besser, war jedoch weniger aufregend. Im Falle einer Heirat hätte sie ihren Namen behalten, auch, um gegenüber staatlichen und anderen Institutionen ihren Vorteil nicht zu verlieren. Auch bei gemeinsamen Kindern hätte sie ihnen seinen Namen nicht geben wollen. Vorzugsweise hätten diese Vornamen erhalten, die in den meisten Ländern bekannt sind, zum Beispiel biblische Namen. Eine islamische Erziehung bei ihnen hätte sie nicht gewollt, bei dem Thema Beschneidung eines Sohnes wäre sie aber entspannt gewesen. Von Beziehungen zu orientalischen Männern rät sie weder ab, noch empfiehlt sie diese.

Kathleen

Eigentlich wollte die Studentin der Rechtswissenschaften aufgrund der Erfahrung mit ihren Eltern – Mutter Deutsche, Vater Bengale, Scheitern der Ehe aus kulturellen Gründen – sich nie auf einen Mann einlassen, der aus einem islamischen Land stammt. Und obwohl sie schon mal mit einem Syrer genau deshalb erhebliche negative Erfahrungen hatte, ließ sie sich vor vier Jahren mit Anfang 20 auf einen zwei Jahre älteren Studenten aus Marokko ein. Kennengelernt haben sie sich als Werkstudenten. Die zufällige Entdeckung gemeinsamer Hobbys und das Interesse für Musikinstrumente brachten sie einander näher. Wegen des positiven Eindrucks hat sie sein Herkunftsland ausgeblendet. Die Haltung ihrer Eltern war ihr egal, wobei sie kaum Kontakt zu ihrem Vater hat. Ihre Mutter hat ihr immer von solchen Beziehungen abgeraten und hat sich für sie einen Europäer als Partner gewünscht; nachdem sie ihn kennengelernt hat, war sie aber beruhigt. Seine Eltern wissen es noch nicht. Früher hat sie eine Beziehung zu einem Kolumbianer gehabt. Mit deutschen Männern hat sie nie eine Beziehung gehabt, was aus ihrer Sicht Zufall ist. Auf der Schule und in ihrem früheren Hamburger Stadtteil hat sie sehr viel mit Menschen mit Migrationshintergrund gerade aus dem islamischen Raum zu tun gehabt. Im Falle einer Heirat würde sie nur aus Bequemlichkeit seinen Nachnamen nicht übernehmen, um nicht alle Dokumente ändern zu müssen. Deshalb wäre es ihr bei den Kindern egal. Allerdings sollten diese keine muslimischen Vornamen bekommen. Sie würden wahrscheinlich bereits mit ihrer Hautfarbe auffallen, dann sollte wenigstens der Vorname die Akzeptanz der Zugehörigkeit durch die Gesellschaft und das Identitätsgefühl bei ihnen selbst erleichtern, wobei es wahrscheinlich trotzdem Nachfragen geben würde. Bei der religiösen Erziehung würden wahrscheinlich beide locker sein. Zum Thema Beschneidung hat sie sich noch keine Gedanken gemacht; er würde es wollen. Sie würde eine zweisprachige Erziehung begrüßen, was immer Vorteile hat. Arabisch oder Tamazight kann sie noch nicht, sie kann aber etwas Französisch, das viele Marokkaner sprechen. Von sich aus hat er unterstrichen, dass er sie auf keinen Fall heiraten würde, um seinen Aufenthaltsstatus zu verbessern; er will es selbst schaffen. Sie würde nicht in seinem Land leben wollen, sie würde aber sowieso in keinem anderen Land leben wollen. Eventuelle fremdenfeindliche Äußerungen anderer würde sie zu ignorieren versuchen. Sie ist selbst nicht religiös, er betet und fastet, was sie aber von Anfang an nicht irritiert hat. Dass sie Alkohol trinkt, stört ihn nicht. Kulturell bedingte Diskussionsthemen oder Streitigkeiten hat es bisher nicht gegeben, was bei ihrem ersten Freund anders war. Dieser hat ihre Kleidung, ihre Schminke und das Händeschütteln mit fremden Männern kritisiert. Es hat praktisch keine Diskussion geben dürfen. Letztendlich ist die Beziehung daran gescheitert. Sie würde zu orientalischen Männern nur dann raten, wenn sie wie ihr Freund sind – also offen. Von Männern wie ihrem Ex-Freund würde sie abraten. Vorteil von deutschen Männern ist, dass sie keine Vorschriften machen. Im Vergleich zu diesen sieht sie bei ihrem Freund positiv, dass er ein Caretaker ist, dass es keine Diskussionen über mein Geld und dein Geld gibt, und dass er mit ihrer Extrovertiertheit umgehen kann, womit viele deutsche Männer Probleme haben.

6.7 … und die anderen

Die sieben verbliebenen Geschichten lassen sich nicht einer der obigen Gruppen zuordnen und zeigen auch keine vergleichbaren Gemeinsamkeiten, um sie spezifisch zu benennen. Sie sind trotzdem jede für sich sehr interessant.

Immer wieder, bis es klappt

Besonderheiten bei der ersten Frau aus dieser Gruppe sind das Fehlen längerer Beziehungen zu deutschen Männern und wiederholte Erfahrungen mit Menschen aus dem orientalischen Kulturkreis, was letztendlich zu einer glücklichen Ehe führte.

Annika
Nachdem sie bereits mit Mitte 20 im Rahmen ihres Studiums (Master) ein Praktikum in Ägypten absolviert hatte, konnte Annika 2011 in derselben Firma einen Job im Bereich Projektmanagement antreten. Auf einer Party lernte sie dann einen etwa gleichaltrigen Mitarbeiter dieser Firma kennen. Drei Jahre später haben sie geheiratet. Zwar hat sie an die üblichen Vorurteile gegenüber diesem Kulturkreis gedacht, nach mehreren und langen Gesprächen mit ihrem späteren Mann haben sich diese aber relativiert. Seine Eltern waren schon früh

verstorben, ihre Eltern waren bei ihr Beziehungen aus diesem Kulturkreis gewohnt. Sie hatte nie eine längere Beziehung zu einem deutschen Mann. Da der Name ihres Ehemannes schwer auszusprechen ist, hat sie ihren Nachnamen behalten, die beiden Kinder haben – dort möglich – seinen ersten Vornamen als Nachnamen erhalten, was sich mit deren arabischen Vornamen besser anhört. Der mittlerweile fünfeinhalbjährige Sohn ist noch nicht beschnitten, was immer wieder von ihm thematisiert wird. Die ebenfalls von ihm angestrebte religiöse Erziehung wird nicht konsequent verfolgt. Da sie immer noch miteinander auf Englisch reden – ihre Arabischkenntnisse sind trotz einiger Kurse immer noch nicht sehr gut –, wachsen die Kinder dreisprachig auf. Er betet zwar immer wieder mal, was sie nie irritiert hat, er trinkt aber auch Alkohol. Seit dem Lockdown pendeln sie immer wieder zwischen Kairo und ihrem Heimatort in Ostdeutschland. Dort ist die Gesinnung eher links und somit wenig fremdenfeindlich. Auch ihr rassistischer Bruder hält sich mit negativen Kommentaren über ihren Mann zurück. Ein Umzug nach Deutschland wird nicht angestrebt, in der Summe überwiegen für beide die Vorteile in Ägypten: menschliche Wärme, Gastfreundschaft, häufige Besuche und Spontanität; in Deutschland hat keiner Zeit. Diskussionen gibt es immer wieder mit ihm wegen ihres Outfits und ihrer Wahl von Badeanzügen, was er mit Eifersucht aufgrund von fremden Männerblicken begründet. Sie kann weder solche Beziehungen empfehlen noch von diesen abraten. Es ist immer vom individuellen Fall abhängig. Wichtig ist die Offenheit gegenüber der Andersartigkeit. Und man muss allem wertungsfrei begegnen.

Schwäbisch bodenständig

Es war eines der kürzesten Interviews. Alles klingt nach einem weitgehend unauffälligen Verlauf am Anfang und in der Entwicklung der Beziehung.

Katja

Katja promoviert im Fach Psychologie. Sie hatte nach der Flüchtlingskrise 2015 geflüchteten Jugendlichen Nachhilfe gegeben.
Mit Anfang 20 lernte sie während eines freiwilligen Dienstes in
Marokko ihren späteren, sechs Jahre älteren Mann kennen, bei
dessen Familie sie untergekommen war. Seine und ihre Familie
reagierten positiv. Sorgen hinsichtlich negativer Reaktionen der
Gesellschaft hatte sie anfangs nicht, mittlerweile – nachdem er
nun seit mehreren Monaten in Deutschland ist – schon, zumal er
negative Erfahrungen gemacht hat. Sie haben nach drei Jahren
geheiratet (vorgezogen wegen Familiennachzug), also anderthalb
Jahre vor dem Interview. Sie will erst nach der Hochzeitsfeier in
Deutschland seinen eindeutig arabischen Namen übernehmen,
da sie ihren eigenen nicht schön findet. Den Kindern würden
sie internationale beziehungsweise altbiblische Vornamen geben. Hinsichtlich Religion rechnet sie mit einer eher zurück-
haltenden und informativen Erziehung, wobei ihr Mann betet.
Das Thema Beschneidung bei einem Jungen ist noch nicht be-
friedigend ausdiskutiert worden. Prinzipiell kann sie sich ein
Leben dort vorstellen, ihre Ausbildung könnte sie jedoch dort
nicht ausüben, sodass das Thema allenfalls später umgesetzt
werden könnte. Eine generelle Empfehlung für solche Beziehungen kann sie nicht abgeben, sie erachtet sie aber als bereichernd
und äußerst kommunikationsfördernd.

Durch und durch deutsch

In diesem Fall scheint es auf der emotionalen und kulturellen
Ebene keinerlei Reibungspunkte zu geben, da der Mann nicht
nur in Deutschland geboren ist, sondern auch von seiner Partnerin als praktisch „deutsch" beschrieben wird.

Martha

Die Juristin im Sozialrecht hat mit Mitte 20 über gemeinsame Freunde ihren acht Jahre älteren marokkanisch-stäm-

migen Freund kennengelernt, der in Deutschland geboren und aufgewachsen ist. Auch unabhängig von seiner hiesigen Sozialisation (die sie als ausgeprägte Assimilation beschreibt) hätte sie die negativen Berichte über seine Region und Kultur nicht beachtet. Andererseits gibt sie zu, dass sie rassistische Äußerungen seitens ihrer Großeltern (in einer katholischen Ortschaft in Rheinland-Pfalz) befürchtet hatte, wozu es dann auch gekommen ist. Sie hat in ihrem Heimatort auch andere, ähnliche Erfahrungen mit ihm gemacht. Ihre eigenen und seine Eltern haben hingegen offen bis positiv reagiert. Vor der Beziehung hat sie enge Freundschaften zu drei Freundinnen aus dem Orient gehabt, die immer noch bestehen. Die Beziehung besteht seit nunmehr sieben Jahren. Sie werden sicher irgendwann heiraten. Da sein französisch klingender Nachname schöner ist als ihrer, wird sie ihn als gemeinsamen Namen wählen. Bei den Kindern würde sie sich für biblische Vornamen entscheiden. Eine religiöse Erziehung oder eine Beschneidung bei einem Jungen wird für beide kein Thema sein. Eindeutige kulturell bedingte Diskussionsthemen scheint es bisher nicht gegeben zu haben. Sie kann weder solche Beziehungen empfehlen noch davon abraten, außer bei streng religiösen Männern, was zu Problemen in der Beziehung führen würde.

Gleiches Vaterunser – alles gut?

In einem Fall gab es von vornherein bei beiden das Christentum als gemeinsame Religion. Alltagsrelevante kulturelle Differenzen und Probleme wurden kaum angegeben. Dennoch ist aufgrund der anderen Fälle bekannt, dass das Thema Religion zwar für diese Beziehungen sehr gewichtig ist, es aber auch andere relevante kulturelle Aspekte gibt. Hier muss daher von einem zufälligen Glücksfall ausgegangen werden. Oder hat der Einsatz einer Dating-App die Wahrscheinlichkeit für ein weitgehendes „Matching" erhöht?

Romy

Die Sozialpädagogin, im Wesentlichen beratend tätig, lernte mit Ende 30 über eine Dating-App einen elf Jahre älteren christlichen Syrer kennen, der seit über 20 Jahren in Deutschland lebt. Aufgrund von positiven Erfahrungen mit Menschen aus dieser Region an ihrem Arbeitsplatz und einer ähnlichen Beziehung bei einer guten Freundin war sie von vornherein offen dafür, die Gespräche mit ihm im Verlauf haben ihre Entscheidung bestätigt. Da sie mit einer starken Abwehrreaktion ihrer katholischen Eltern aus einer ländlichen Region gerechnet hat, stellte sie ihn erst ein Jahr später vor. Die Ängste der Eltern bestehen weiterhin. Mit seinen christlich-fundamentalistisch eingestellten Eltern hat sie noch nicht einmal telefonisch gesprochen, da diese die Beziehung kritisch betrachten. Kulturell bedingte Streitigkeiten und Diskussionen in der Zeit der nunmehr drei Jahre währenden Beziehung fallen ihr keine ein. Im Falle einer Heirat würde sie ihren Namen behalten, was sie auch bei ihrer ersten Heirat mit einem Deutschen so gehandhabt hat. Sie hätte aber kein Problem damit, wenn die Kinder seinen Namen bekämen – auch aus Trotz gegenüber gesellschaftlichen Vorbehalten. Auch würde sie ihnen arabische Vornamen geben, wenn diese gut klingen. Theoretisch würde sie auch in seinem Land leben, wobei sich die Frage nicht stellt. Sie würde weder zu solchen Beziehungen raten noch von diesen abraten – einfach ausprobieren! Allerdings sollte das Männer-Frauen-Rollenbild modern sein. Für sie war die Unterschiedlichkeit der kulturellen Hintergründe interessant, und sie erweist sich weiterhin als spannend.

Einziger Fall mit körperlicher Gewalt

Es ist vermutlich politisch inkorrekt zu sagen, dass es in der untersuchten Gruppe überraschenderweise nur eine Frau gibt, die von wiederholter körperlicher Gewalt berichtet, was auch zum Ende der Beziehung führte. Seine Gewaltbereitschaft wird von der Frau – politisch korrekt – mit früheren Traumata (kriegszerrüttetes Land) erklärt.

Andrea

Andrea hat studiert, schreibt Kinderbücher und ist gelernte Heilerin. Zu Beginn der Beziehung mit einem acht Jahre jüngeren Syrer war sie 28 Jahre alt. Er war im Rahmen der Flüchtlingskrise 2015 als Erwachsener nach Deutschland gekommen. Kennengelernt hat sie ihn als Arbeitskollegen einer guten Freundin. Seine im Vergleich zu deutschen Männern beeindruckende Hartnäckigkeit ihr gegenüber hat sie ihre anfängliche und wiederholte Zurückhaltung aufgeben lassen. Sorgen und Bedenken in Zusammenhang mit den negativen Schlagzeilen der letzten Jahre und dem gesellschaftlichen Klima hat sie nicht gehabt. Auch Sorgen vor möglichen späteren fremdenfeindlichen Erlebnissen spielten zumindest bewusst keine Rolle. Ihre Eltern haben eher negativ auf die neue Beziehung reagiert, obwohl es zwei ähnliche Konstellationen in der näheren Verwandtschaft gab; hingegen waren seine Eltern froh darüber, auch etwas stolz. Im Übrigen gab es auch bei einer guten Freundin eine Partnerschaft zu einem Mann aus dieser Region. Früher hatte sie eine längere Beziehung zu einem Südamerikaner. Im Verlauf hat Andrea die große Differenz der eigenen sozialen Schicht zu der des Partners zunehmend zu spüren bekommen. Er hat auch Probleme damit gehabt, dass sie als Frau erfolgreich, souverän und selbstständig ist. Es ist immer wieder zu Machtspielen gekommen. Er war sehr eifersüchtig und vor diesem Hintergrund etwas kontrollierend. Letztendlich haben zunehmende psychische und auch körperliche Gewalt nach sechs Jahren zu einem Ende der Beziehung geführt. Hätten sie geheiratet, hätte sie seinen schönen Namen übernommen; ihren Kindern hätte sie aber keine arabischen Vornamen geben wollen, worauf er aber bestanden hätte. Sie hätte sie hinsichtlich Religion liberal erzogen. Mit dem Thema Beschneidung eines Sohnes hat sie sich nicht beschäftigt, ihr Partner hätte aber darauf bestanden und es umgesetzt. Trotz ihrer negativen Erfahrung würde sie anderen Frauen eine solche Partnerschaft empfehlen, unter anderem, weil die Familie in dieser Kultur über allem steht. Sie hat nur Pech gehabt.

Die Buddhistin in Fernbeziehung

Diese Religion der Frau macht offenbar keinen besonderen Unterschied zu den anderen Frauen. Die Situation mit seltenen persönlichen Begegnungen relativiert die Bedeutung von potenziellen Streitthemen im Alltag. Besonders deutlich zeigt sich dies auch bei Doro (oben bereits in einer anderen Gruppe), bei der eine offene Beziehung gepflegt wird, in der die gegenseitigen Erwartungen deutlich minimiert werden und die wenige gemeinsame Zeit genutzt wird.

Yvonne

Die Anfang 40-jährige Verkäuferin aus Nordrhein-Westfalen befindet sich seit zweieinhalb Jahren in einer Beziehung zu einem 30-jährigen Algerier, der in seiner Heimat lebt und bei dem sie bisher zweimal gewesen ist. Aufmerksam geworden auf ihn ist sie über Posts von Fotografien (auch ihr Interesse) auf Social Media. Nach einer längeren, zunächst unverbindlichen Kommunikation kam es nach vielen Monaten zum ersten persönlichen Kontakt. Sie lebt in einem Stadtteil mit dem Ruf Klein-Marokko, wo sie sich wohlfühlt. Die meisten Mitschüler ihrer Tochter waren Ausländer. Außerdem hat sie in einem bilingualen Kindergarten gearbeitet. Allerdings hat sie ihren Eltern bis heute nichts von der Beziehung erzählt, zumal sie bei ihrem niederländischen Vater eine ausgesprochen kritische Reaktion erwarten würde. Ihre erwachsene Tochter hat sich für sie gefreut. Deren Vater, ihr Ex-Lebensgefährte, hat eine kroatische Mutter. Da sie ihren Nachnamen mag, würde sie im Falle einer Heirat seinen nicht typisch arabischen Namen nicht übernehmen; bei den Kindern müsste man es ausdiskutieren. Als Vornamen würde sie ihnen Doppelnamen geben, wobei ihr die Reihenfolge egal wäre. Die religiöse Erziehung sollte ohne

Zwang gestaltet werden. Beim Thema Beschneidung wäre sie offen. Eine zweisprachige Erziehung wäre aus ihrer Sicht wichtig. Sie habe angefangen, ihre früheren Französischkenntnisse zu reaktivieren. Theoretisch kann sie sich langfristig ein Leben in seinem Land vorstellen. Sie würde ihn nicht heiraten, um ihm zu einer Aufenthaltsgenehmigung in Deutschland zu verhelfen. Er ist zwar religiös, er betet aber nicht regelmäßig, er trinkt auch gelegentlich Alkohol. Sie ist Buddhistin. Streitgespräche hat es im Zusammenhang mit dem Glauben, über das Rollenverständnis der Geschlechter und aufgrund von wiederholten sprachlichen Missverständnissen gegeben, häufig bei von ihr gerne benutzten Sprichwörtern. Zum Beispiel heftig war seine Reaktion auf das Sprichwort „In der Not frisst der Teufel Fliegen". Teufel war ein Reizwort für ihn. Sie kann zu einer solchen Beziehung raten, wobei die kulturellen Besonderheiten und der individuelle Fall zu berücksichtigen sind. Man verliert viel, wenn man immer nach dem Gleichen sucht. Sie schätzt aber auch die Traditionen ihrer niederländischen Hälfte.

Religion als Trennungsgrund

Es war der wortwörtlichen Deutung des Aushangs zur Suche nach Probanden gedankt („deutsche Frauen in einer orientalischen Beziehung, Partnerschaft"), dass sich eine lesbische Frau für die Studie interessierte und eine Teilnahme an ihr wünschte, was ein glücklicher Zufall war. Denn hier stellte sich die Bedeutung der Religion – auch bei ansonsten guter kultureller Kompatibilität und emotional-erotischer Zufriedenheit – als besonders heraus.

Helena
Helena studiert Medien und Kommunikation. Sie erlebte bei den früheren regelmäßigen Aufenthalten mit ihren Eltern in der Türkei auch persönliche Kontakte zu dortigen Bekannten. Als junge Erwachsene hat sie sich auf eine Beziehung zu einer Frau aus dem Iran eingelassen. Die Beziehung wurde nach etwas mehr

als zwei Jahren von der Freundin beendet mit der Begründung, dass diese mit ihrem Glauben nicht vereinbar ist. Diese Aussage machte sie, als das Thema Zusammenziehen immer konkreter diskutiert wurde – das war wohl die rote Linie. Denn sie hätte spätestens dann ihren Eltern von der verbotenen Beziehung erzählen müssen, was sie sich nicht vorstellen konnte. Im Falle einer Heirat hätte sie ihren Namen behalten, den Kindern hätte sie aber vielleicht den schöner klingenden Namen ihrer Freundin gegeben. Bei den Vornamen hätte sie sich gewünscht, dass neutrale Namen gesucht werden. Da beiden der Glaube wichtig war, hätte sie darauf gedrängt, dass definitive religiöse Rituale nicht erfolgen, wie z. B. die Taufe im Christentum. Deshalb hätte sie sich wahrscheinlich auch bei einem Sohn gegen eine Beschneidung entschieden. Sie bleibt weiterhin für Beziehungen aus diesem Kulturraum offen, wobei sie nächstes Mal bestimmte Themen schon im Vorfeld ausdiskutieren würde.

7. Analyse der Ergebnisse

Zur Entdeckung von möglichen Mustern bei der hier untersuchten Gruppe, die sich trotz aller negativen gesellschaftlichen und weltpolitischen Entwicklungen der letzten Jahre und
entsprechenden Medienberichten auf eine Beziehung zu einem
Mann aus dem orientalischen Kulturraum eingelassen hat, wurde nach Gemeinsamkeiten im Verhalten, in den Einstellungen
und in den Ausgangsvoraussetzungen gesucht, die als Cluster
zusammengefasst werden könnten. Dabei geht es auch darum,
ob bestimmte Merkmale gehäuft gemeinsam vorkommen, also
ob bestimmte Antwortkombinationen häufig anzutreffen und
dabei konsistent und kongruent sind. Interessant wird das Ergebnis auch deshalb, weil fast alle Frauen bei direkter Befragung
angaben, dass die oben genannten negativen Rahmenbedingungen keinen Einfluss auf die prinzipielle Bereitschaft für einen
solchen Partner und dessen Wahl und den Kennenlernprozess
hatten. Denn hier kann geprüft werden, ob passende Indikatoren
zu diesem Thema diese zunächst spontan geäußerte Haltung
und Einstellung bestätigen oder nicht, jedenfalls, ob insofern
eine Konsistenz vorliegt. Geeignet hierfür erscheinen folgende
Themenkomplexe: Reaktion der Ursprungsfamilie, Erfahrung
mit Migrant:innen, Umgang mit Familienname/Vorname von
Kindern, Religion/Glaube, Anpassungsbereitschaft.

7.1 Reaktion der Ursprungsfamilie

Dieser Aspekt erscheint deshalb relevant, da ein Einfluss der
Familie durch Genetik, Erziehung und gemeinsame Sozialisation auf das eigene spätere Lebenskonzept im Erwachsenenalter
sicher anzunehmen ist, auch wenn ein Handlungsspielraum für
individuelle Gestaltung bleibt (kein vollständiges Ausgeliefert-
sein). Bemerkenswert in der untersuchten Gruppe ist, dass für

deutlich über die Hälfte dieser erwachsenen Frauen (!) die Haltung der eigenen Familie zur Herkunft des Partners wichtig erscheint. Und nur ein kleiner Teil beschreibt eine eindeutig positive Reaktion der Familie auf die Bekanntgabe der Beziehung. Es ist davon auszugehen, dass für viele eine negative Reaktion vorhersehbar war (Kenntnis über die eigene Familie). Vor dem Hintergrund dieser Überlegungen erscheint es nicht plausibel, dass die meisten Frauen in der Phase des Kennenlernens des Partners gar nicht an die wahrscheinlich zu erwartenden Schwierigkeiten gedacht haben wollen. Es wäre ein sehr großer und somit eher unwahrscheinlicher Zufall, Verdrängung als Erklärung hierfür anzuführen. Auch der Versuch, den Zustand der Verliebtheit als eine Ausnahmesituation mit emotionaler Überfrachtung ursächlich hierfür zu sehen (nach dem Motto: „Liebe macht blind"), erscheint nicht überzeugend. Denn viele haben sich nicht sofort verliebt, oft war es ein längerer Prozess. Allenfalls kann postuliert werden, dass die vielerorts geäußerten Bedenken in Zusammenhang mit Beziehungen mit orientalischen Männern nicht immer bei der hier untersuchten Gruppe bewusst vorhanden, aber zumindest bei vielen unterschwellig anzunehmen waren. Auch Béatrice Hecht-El Minsawi hatte in ihrer Studie über deutsch-ausländische Paare[62] treffend festgestellt, dass zwar am Anfang des Kennenlernens gerade die Neugierde auf das Fremde und das Offensein für die andere Person ein Moment der Partnerwahl ist, in der hautnahen Auseinandersetzung jedoch zugespitzt der schärfste Druck zweier kulturell verschiedener individueller und gesellschaftlicher Normen und Wertesysteme steckt. Ein vollständiges Ausblenden des kulturellen Hintergrundes des Partners bei der ersten Begegnung und in der ersten Zeit der Beziehungsentwicklung erscheint daher praktisch unmöglich.

---

62 Siehe Fußnote 27/28

7.2 Erfahrung mit Migrant:innen

Frühere oder wiederholte positive Erfahrungen mit Menschen mit Migrationshintergrund können die Schwelle für die Bereitschaft auf eine entsprechende Beziehung senken. Fast jede der hier untersuchten Frauen hat vorher mit diesen Menschen Kontakt gehabt, und zwar in der Schule, in der Ausbildung, bei der Arbeit oder im Urlaub, manche haben sich früher in Beziehungen mit nicht-deutschen Männern befunden, gar mit welchen aus dem orientalischen Raum. Auch, wenn diese demnach gescheitert waren, so dienten sie unter Umständen als Beginn weiterer Versuche dieser Art, selbstverständlich nur dann, wenn die Erfahrungen nicht erheblich negativ waren und das Scheitern nicht in Zusammenhang mit kulturimmanenten Besonderheiten des Partners gedeutet wurde beziehungsweise nicht durch diese bedingt war. Wobei sich auch Frauen finden, die eine solche Entwicklung als individuellen und schicksalhaften Fall betrachten, der nicht zu einem generellen Ausschluss zukünftiger Partnerschaften dieser Art führt.

7.3 Umgang mit Familiennamen/Vornamen von Kindern

Die Annahme des Nachnamens des Ehepartners kann unterschiedliche Gründe haben, zum Beispiel Tradition, Erleichterungen im Alltag (z. B. Wahrnehmung in der Schule als Elternteil, Ämter, Reisen mit Kindern ins Ausland), Vorliebe für den anderen Namen oder symbolische Bedeutung, um nur einige Beispiele zu nennen. Der Umgang mit einem Namen, der auf einen islamischen Hintergrund schließen lässt, könnte aber auch Aufschluss darüber geben, ob sich jemand traut, diesen anzunehmen bzw. ob in Hinblick auf die gesellschaftliche Stimmungslage Nachteile dadurch befürchtet werden (Jobsuche, Wohnungssuche, Ämter, Umgang der Nachbarschaft). Diese wurden nämlich sehr oft bei den Frauen angegeben, die reserviert auf die entsprechende

Frage reagierten bzw. sich bereits dagegen entschieden haben. Und es sind dieselben Frauen, die die Frage nach jeglichen Gedanken über die negativen Schlagzeilen der letzten Jahre bei der ersten Begegnung, im Kennenlernprozess und bei der Auswahl des Partners aus diesem Kulturkreis verneint haben. Hier besteht eine Inkonsistenz, die in der Bewertung der spontanen Reaktion auf die erste Frage zu berücksichtigen ist.

Ein ähnliches Phänomen zeigt sich auch bei der Wahl des Vornamens von bereits geborenen oder später geplanten oder vorgestellten gemeinsamen Kindern. Hier bevorzugen die meisten entweder Doppelnamen oder – noch häufiger – neutrale, also in beiden Kulturen leicht verwendbare beziehungsweise international bekannte Namen (z. B. altbiblischer Herkunft). Mag sein, dass derartige Überlegungen erst im späteren Verlauf der Beziehung relevant und daher auch dann angestellt wurden; sie lassen dennoch darauf schließen, dass Schwierigkeiten in Zusammenhang mit einem Partner aus dem Orient mindestens unterschwellig im Bewusstsein existent waren. Nicht gänzlich verstanden bleiben die nicht wenigen Fälle, die zwar die Annahme des orientalischen Nachnamens für sich selbst ausgeschlossen, diesen aber für die Kinder durchaus in Betracht gezogen haben. Möglicherweise spielt hier die Neigung mancher Frauen eine Rolle, gegenüber dem orientalischen Partner eine „Bringschuld" bei sich zu sehen, was oft mit dem Begriff „Entgegenkommen" ausgedrückt wird, was wahrscheinlich im weitesten Sinne in den Bereich der „Political Correctness"[63] anzusiedeln ist. Ähnlich verhält es sich mit der Wahl eines orientalischen Vornamens für das Kind, was bei immerhin einem Drittel der Fall ist.

---

63 Im weitesten Sinne strikte Einhaltung von gesellschaftlichen und sprachlichen Normen, vor allem in Bezug auf angeblich oder tatsächlich benachteiligte Gruppen. Deutsch: politisch korrekt.

7.4 Religion/Glaube

Es erscheint die Annahme plausibel, dass sich eine aktive Christin, die nicht zuletzt deshalb auch gerne ihren Glauben an die Kinder weitergeben würde, sich weniger wahrscheinlich offen für eine Beziehung zu einem Mann aus dem islamischen Raum beziehungsweise einem orientalischen Mann mit islamischem Glauben einlassen würde. In einem solchen Fall würde es auch nicht ins Gewicht fallen, ob dieser aktiv gläubig ist oder nicht. Zumal in einer potenziellen ersten Begegnung dieser Aspekt in der Regel gar nicht bekannt wäre. In der hier untersuchten Gruppe fanden sich sehr wenige Frauen, die die Bedeutung ihres Glaubens als hoch einschätzen. Entsprechend legten kaum welche Wert auf eine christlich orientierte Erziehung der Kinder, die große Mehrheit wollte dieses Thema offen angehen: Entweder von beiden Religionen etwas vermitteln (interreligiöse Erziehung) oder liberal oder gar nicht[64]. Bemerkenswert dabei ist – auch bei Abzug der zwei konvertierten Fälle – die relativ hohe Anzahl von jenen, die sich durchaus eine islamische religiöse Erziehung vorstellen können, damit rechnen, sich damit abgefunden oder sich diesem gefügt haben oder fügen würden[65]. Der religiöse Aspekt scheint somit für die meisten auch in der Phase des Kennenlernens und der ersten

---

64 In dem Ratgeber „Abu, Mama und bébé" vom „Verband Binationaler Familien und Partnerschaften" (Eigenverlag, 2010) wird von einer „religiösen Neutralität" abgeraten. Dabei wird an die Entwicklung der eigenen Position zu diesem Thema erinnert, wofür viel Zeit mit Auseinandersetzungen und unterschiedlichen Erfahrungen nötig waren. Außerdem würden Eltern in allen anderen Erziehungsbereichen keineswegs neutral bleiben. Wenn Eltern diesen Bereich ausblendeten, fehlten dem Kind später der Zugang zur religiösen Dimension seiner Identität und die Basis für Auseinandersetzungen mit unterschiedlichen Formen von Spiritualität.

65 Hierbei ist zu berücksichtigen, dass der Tradition zufolge die Kinder eines muslimischen Vaters islamisch erzogen werden müssen, so dass die Frage einer Kompromissfindung schwierig zu beantworten ist.

Entwicklungsphase der Beziehung nicht im Vordergrund zu stehen. Es könnte sein, dass der orientalische Hintergrund nicht immer oder als Erstes mit der dort vorherrschenden Religion assoziiert wird. Möglicherweise liegt der Schwerpunkt der oben genannten Bedenken, die als unterschwellig oder im Unterbewusstsein angenommen werden, in anderen kulturellen Aspekten oder im Wesentlichen in den damit verbundenen potenziellen gesellschaftlichen Konflikten und Schwierigkeiten. Demnach wäre ohne sie das Einlassen auf eine solche Beziehung tatsächlich für viele Frauen weniger bis gar nicht problematisch oder riskant. Die Feststellung von Anke Dreyer in ihrer Diplomarbeit in den 1990er-Jahren über Motivationen von deutschen Frauen für eine Ehe mit einem Mann aus dem arabischen Raum kann auch heute noch für unsere Gesellschaft bestätigt werden: „Die Gesellschaft reagiert zwar positiv auf die Anpassung und Integration des ausländischen Partners, auf die deutsche Frau jedoch, die einen Teil seiner Fremdheit aufgenommen hat (zum Beispiel Bekleidung oder Glauben), eher mit Ablehnung".

7.5 Anpassungsbereitschaft

Selbstverständlich ist dieser Aspekt in jeder ethnischen, sozialen oder geschlechtlichen Konstellation eine unbedingte Voraussetzung für eine funktionsfähige Beziehung. Unter Berücksichtigung des in der Einleitung begründeten höheren Potenzials an Schwierigkeiten auf unterschiedlichen Ebenen bei zunehmender kultureller Distanz der Paare erscheint hier eine höhere Motivation und Bereitschaft für Adaptation, Toleranz, Akzeptanz und Verzicht gegeben. In den Interviews finden sich unter der Frage „Sonstige kulturelle Themen, die zu Diskussionen führten, führen oder wohl führen werden?" immer wieder Aussagen, die die möglichen besonderen Herausforderungen solcher Beziehungen beispielhaft wiedergeben: Vorstellungen des Partners zur Kleidung der Frau (oft), dessen mangelnde Offenheit gegenüber seinen Eltern hinsichtlich der Partnerschaft an sich (Verschweigen, Falschangaben) und im Verhalten (zum Beispiel kein Rauchen oder Trinken von Alkohol in Anwesenheit der Familie), unzureichende zeitliche Zuverlässigkeit (oft), Freundschaften/Kontakte der Frau zu anderen Männern (oft), Antisemitismus, starke Eifersucht, wenig Hilfsbereitschaft im Haushalt, Verhaltensänderung bei Zusammenkunft mit Landsleuten, hohe Bedeutung der Ursprungsfamilie, Kollektivismus dort vs. Individualismus hier[66], Neigung zur Kontrolle der Frau, keine Gleichberechtigung in Streitsituationen (z. B. Anschreien in seine Richtung nicht toleriert), kein offener Kommunikationsstil, Schwierigkeiten mit der Selbstständigkeit der Frau, deren bessere finanzielle Situation[67]. Überraschenderweise wurde der letztgenannte Aspekt meistens nur indirekt und subtil erwähnt und nicht ausdrücklich als ein Problem auf der Interaktionsebene und im Rollenverständnis. Immerhin hatte die Hälfte der befragten Frauen eine akademische Ausbildung, auf der Seite der

---

66 In dem o. g. Ratgeber (Fußnote 64) wird die Bedeutung der unterschiedlichen gesellschaftlichen Konzepte – als Wir-Kultur und Ich-Kultur bezeichnet – auch für die Erziehung der Kinder in solchen Partnerschaften hervorgehoben: Individualität, Eigenverantwortung und persönliche Selbstentfaltung auf der einen Seite und Befolgung von gesellschaftlichen Verhaltensregeln, Beachtung von Autoritäten und Respekt vor Älteren und erfahrenen Mitgliedern auf der anderen Seite.

67 Was in der hier untersuchten Gruppe dem Umstand geschuldet ist, dass viele der Männer als Flüchtlinge nach Deutschland gekommen sind oder in ihren Heimatländern verhältnismäßig weniger verdienen. Zu einem ähnlichen Befund war auch Anke Dreyer in ihrer Diplomarbeit Anfang der 1990er Jahre gekommen (siehe Fußnote 26): „Das Rollenbild des Mannes wurde nicht von ihm selbst gewählt, sondern er wurde durch die fremde Gesellschaft in sie hineingedrängt, denn er ist in seinen wirtschaftlichen und rechtlichen Möglichkeiten eingeschränkt. Die Partnerin übernimmt die starke Seite. Hier können Konflikte entstehen."

Männer war dies äußerst selten der Fall[68]. Da die meisten von ihnen ihre Sozialisation in der Kindheit und Jugend in ihrem Heimatland erlebt haben, in dem das Patriarchat[69] weiterhin allgegenwärtig ist, ist ein dadurch bedingtes Konfliktpotenzial sicher anzunehmen.

Zwar ist die hier von der Gruppe beschriebene Flexibilität und Anpassungsbereitschaft in vielerlei Hinsicht nachvollziehbar, das Maß hierzu, das nicht selten bis zur Aufgabe individueller Freiheiten geht, ist aber für den Autor eine der überraschenden Feststellungen dieser Untersuchung. Im gleichen Sinne überraschend war auch die Bereitschaft oder Akzeptanz bei dem Thema Beschneidung, wozu sich deutlich über die Hälfte entsprechend geäußert haben. Oft wurde es bagatellisiert oder rationalisiert (hygienische Vorteile)[70], zum Teil aber auch als zwangsläufige Konsequenz einer solchen Partnerschaft beschrieben. Es gab hingegen sehr wenige Fälle, in denen um die Durchsetzung des Gegenteils argumentativ gekämpft wurde. Es sei an dieser Stelle die Erklärung angeführt, dass es hierbei – wie bei allen Themen dieser Studie (!) – nicht um eine Wertung geht, sondern um eine Beschreibung und das Verständnis für den Umgang der Frauen für bestimmte kulturspezifische Themen in orientalischen Partnerschaften. So soll auch nicht der Eindruck entstehen, dass die Haltung des deutschen Mainstreams zum Thema Beschneidung

---

68 Was keine generellen Schlüsse zulässt. In seiner Dissertation „Migranten auf dem Weg zur Elite?" (Springer VS, 2014) untersuchte Armand Farsi ausschließlich akademisch gebildete Migranten in kaufmännischen Positionen.

69 Hier: Gesellschaftsordnung, die von Männern dominiert wird, in der sie eine bevorzugte Stellung v. a. in Staat und Familie innehaben.

70 Tatsächlich wird in Amerika eine andere Haltung als in Europa vertreten: Die American Academy of Pediatrics (AAP) empfiehlt eine Beschneidung von Jungen im Kleinkindalter, begründet mit einer Abnahme von Harnwegsinfektionen und des Risikos von sexuell übertragbaren Krankheiten und für Peniskrebs. Maßgeblicher Artikel: Pediatrics (2012): Male Circumcision. 130 (3): 585–586.

als universeller Maßstab angesehen wird[71]. Vielmehr geht es um die frappierende Feststellung, dass viele der hier untersuchten deutschen Frauen den gesellschaftlichen Diskurs hierüber erlebt haben[72] und mit hierbei definierten Normen aufgewachsen sind, die sie wahrscheinlich mehrheitlich als Überzeugung oder Haltung mitgetragen haben und nun relativ leicht aufgeben.

Uta sagte hierzu: „Ich sehe deutsche Frauen in solchen Konstellationen sich unterordnen, wobei ich mir die Frage stelle, ob sie es innerlich wollen. Bei einem muslimischen Mann ist eine Beziehung ohne Unterordnung nicht möglich. Der Freund meines Ex-Freundes hat auch eine deutsche Freundin gehabt, sie wirkte auf mich ängstlich und gehorsam. Wenn sie mit seinen arabischen Freunden zusammen waren, hat er sie respektlos behandelt.“

Lesen wir in diesem Zusammenhang auch eine Aussage von Andrea: „Zum Schluss kam es immer wieder zu heftigen Auseinandersetzungen, einige Male auch, nachdem ich ihn zur Rede gestellt habe, dass er mir untreu ist. Was wiederum spannend ist. Denn auf der einen Seite ist es mir verboten, Kontakt mit

---

71 Sogenanntes „Beschneidungsgesetz" seit 2012: § 1631d BGB (Bürgerliches Gesetzbuch): Die Personensorge umfasst auch das Recht, in eine medizinisch nicht erforderliche Beschneidung des nicht einsichts- und urteilsfähigen männlichen Kindes einzuwilligen, wenn diese nach den Regeln der ärztlichen Kunst durchgeführt werden soll. Dies gilt nicht, wenn durch die Beschneidung auch unter Berücksichtigung ihres Zwecks das Kindeswohl gefährdet wird. In den ersten sechs Monaten nach der Geburt des Kindes dürfen auch von einer Religionsgesellschaft dazu vorgesehene Personen Beschneidungen gemäß Absatz 1 durchführen, wenn sie dafür besonders ausgebildet und, ohne Arzt zu sein, für die Durchführung der Beschneidung vergleichbar befähigt sind.
72 In der damaligen Kontroverse in Deutschland ging es vor allem um medizinethische Aspekte wie die Berücksichtigung des Selbstbestimmungsrechts des Kindes, das Kindeswohl und den Schutz der Intimsphäre.

anderen Männern zu haben, und gleichzeitig hat er mich fünf-
mal mit anderen Frauen betrogen. Es ist passiert, ich habe ver-
geben, dann hat er es wieder getan, was ich entdeckt habe, worüber es wiederum zusätzlichen Streit gab, warum ich überhaupt
in sein Handy geguckt habe. Somit war ich wieder die Schuldi-
ge. Ich habe dann irgendwann mal zu ihm gesagt, wie wäre es
denn für dich, wenn ich das tun würde; er sagte, er würde mir
nie was tun, er würde immer nur die Männer umbringen. Weil
ich bin seins. Ich war zwischendurch schwanger von ihm, was
ich abgebrochen habe, wobei ich lange hin- und hergerissen war.
Er war auch an Wochenenden nicht bereit, abends bei mir zu
bleiben. Ich habe ihn dann gebeten: ‚Bitte bleib bei mir!‘ – ‚Ne,
ich geh feiern, mal gucken, wie viele Frauen ich heute Abend
abschleppe.‘ Er hat sich aber auch über die Schwangerschaft gefreut, wobei ich nicht wusste: Ist es wirklich wegen des Kindes
oder weil sein Aufenthalt in Deutschland gesichert ist? Das war
eine traumatische Erfahrung für mich mit ihm. Er war dann
nachts ewig weg. Er hat mir dann vorgeworfen, ich würde ihn
kontrollieren. Dabei wollte ich nur Transparenz und emotionale
Sicherheit, insbesondere vor dem Hintergrund der Schwangerschaft. Später hat er die Abtreibung als Haram[73] bezeichnet. Das
hätten wir nicht tun dürfen. Gott vergebe uns. Nach dem Ende
der Beziehung hat er mir erzählt, dass er früher daran geglaubt
hat, dass Männer sich nehmen können, was sie wollen, machen
können, was sie wollen – Frauen nicht. Er hat auch immer wieder gesagt, in meiner Kultur dürfen Männer mehrere Frauen
haben, wobei meiner Kenntnis nach das nur unter bestimmten
Bedingungen möglich ist.“

Hier noch eine ausführlichere Geschichte von Carola: „Als wir uns
kennengelernt haben, war seine Ex-Freundin von ihm schwanger, was er wohl noch nicht wusste. Sie ist schwanger geworden,
als die Beziehung bereits beendet war, sie haben noch mitein-

---

73 Im Islam: im weitesten Sinne verboten

ander Kontakt gehabt. Das Thema hat die Anfangszeit unserer Beziehung sehr bestimmt. Er ist oft bei seiner Ex-Freundin gewesen, als das Kind zur Welt gekommen ist, hat es regelmäßigere Kontakte gegeben. In der ganzen Zeit hatte er mich zwei Jahre lang seiner Familie nicht vorgestellt, was ich einerseits schade fand, andererseits war ich nicht sehr früh mit der typischen Erwartungshaltung der Familie konfrontiert. Um das Problem mit dem unehelichen Kind zu lösen, hat er dann Angehörigen in Deutschland vor einem Jahr erzählt, dass wir ein Paar sind und einen gemeinsamen Sohn haben. Als dieser Angehörige dann die Familie in Afghanistan besucht hat, hat er daraus die Geschichte gemacht, dass wir verheiratet sind. Ich bin nur geschockt gewesen, dass ich es nicht früher erfahren habe. Ich war verärgert, weil ich ehrliche Verhältnisse haben wollte. Durch diese Geschichte wurde alles kompliziert. Wenn er zum Beispiel mit seiner Familie telefoniert hat, durfte ich im Hintergrund keine Geräusche machen, da man sonst gefragt hätte, warum ich zu Hause bin, aber nicht das Kind. Bis heute ist es bei dieser Lügengeschichte geblieben. Sein neuester Plan ist, seinen Bruder in Brasilien zu besuchen. Dafür müssten wir den offiziellen gemeinsamen Sohn mitnehmen. Ich würde es aber nicht mitmachen wollen, da ich auch gerne im Land herumreisen würde, was mit dem Kind nicht gehen würde. Aber unabhängig davon will ich langfristig ehrliche Verhältnisse haben. ich würde zum Beispiel auch nicht mit ihm und dem Kind nach Afghanistan reisen wollen. Auf Dauer will ich das nicht mitmachen."

Die oben beschriebenen drei Fälle sind sicher besondere Varianten, wie sie in dieser Ausprägung von den anderen nicht beschrieben wurden, in subtiler Form kommen sie aber auch in anderen Bereichen vor. So sagte zum Beispiel Paula zum Thema Beschneidung: „Wäre es mit ihm zu einem gemeinsamen Sohn gekommen, hätte ich versucht, diese nicht durchführen zu lassen. Ich gehe aber davon aus, dass es von der Familie zu Druck gekommen wäre, ich hätte dann wohl meinen Widerstand aufgegeben."

In einem für binationale Paare herausgegebenen Ratgeber aus Nordrhein-Westfalen (siehe Fußnote 67) wird folgender interessanter Vorschlag gemacht: „Die Kunst besteht darin, beharrlich eigene Interessen zu vertreten und gleichzeitig bereit für Kompromisse zu sein." Diese Herangehensweise erscheint plausibel und macht auch mögliche spätere Selbstvorwürfe unwahrscheinlicher, was im Übrigen für beide Seiten gilt. In manchen Fällen geht es aber nicht um die Erarbeitung von Kompromissen, sondern um „rote Linien", die auch im Sinne der Selbstachtung und Selbstfürsorge eingehalten werden sollten (siehe Andrea, oben).

Hier noch einmal eine Passage aus dem Interview mit Carola, nun zum Thema Kompromissbereitschaft: „Ich merke, wenn es um den Gedanken an Kindererziehung geht, dass ich nicht besonders locker bin, weil ich auf eine bestimmte Art und Weise aufgewachsen bin, wie ich auch meine Kinder erziehen will. Zum Beispiel möglichst wenig Medienkonsum, weniger Süßigkeiten und Geschenke. Das sind für mich wichtige Sachen. Ich möchte nicht, dass meine Kinder nur vor dem Fernseher sitzen wollen. Da hat er eine komplett andere Einstellung. Ich kriege das ja jetzt mit durch seinen Sohn, den er dann vor den Fernseher setzt, um sich nicht mit ihm beschäftigen zu müssen. Obwohl es nicht mein Kind ist, triggert mich das wieder. Weil ich dann natürlich an die Zukunft denke, wenn wir mal zusammen Kinder haben. Oder er sagt ihm: ‚Wenn du das und das machst, kriegst du das und das. Ich sag ihm dann, du kannst ihn nicht erpressen, du kannst ihn nicht mit so Sachen erziehen. Ich weiß nicht, ob ich mit dir überhaupt Kinder haben will. Ich finde das nicht cool, wie du mit dem Kleinen umgehst.' Dann sagt er: ‚Ich weiß auch nicht, ob ich mit dir Kinder haben will, du bist viel zu streng.' Und da hat er natürlich recht. Und wir sind beide halt so extrem. Ich denke, wenn es halt wirklich dazu kommt, werde ich einiges von meinen Prinzipien auf jeden Fall aufgeben. Wir müssen irgendwie aufeinander zukommen. Da muss ich in diesem Sinne etwas lockerer werden. Es wird auf jeden Fall konfliktreich werden."

Bemerkenswert bei Carola ist, dass sie sich als sehr weltoffen einschätzt, in der Ausbildungszeit teilweise im orientalischen Raum gelebt hat und es sich um die zweite Beziehung mit einem Mann aus dieser Region handelt. Dennoch werden weiterhin manche Themen als potenziell konflikthaft eingeschätzt. Was sie nicht davon abgehalten hat, sich einmal mehr auf eine solche Partnerschaft einzulassen.

Das war auch bei Kathleen der Fall, die in ihrer ersten Beziehung mit erheblichen Forderungen ihres Freundes konfrontiert wurde:

„Bei ihm gab es keine Diskussion. Er sagte immer: ‚So wie ich es sage!' Besonders gestört hat ihn, dass ich fremden Männern die Hand gegeben habe. Ich habe es dann sogar eine Woche gelassen, habe mich dann aber gefragt: ‚Warum mache ich das?' Ich sollte nur lange Sachen tragen. Wenn er mal ein Kleidungsstück kritisiert hat, habe ich es dann nicht mehr angezogen. Wenn wir irgendwo eingeladen waren, fand er meine Schminke nicht gut, ich habe mich anfangs dann abgeschminkt. Er mochte auch meine Schuhe mit hohen Absätzen nicht, irgendwann hat er sie versteckt. Er war sehr eifersüchtig. Wenn er nicht dabei war, habe ich mich normal angezogen und war auch geschminkt."

Bemerkenswert ist, dass Kathleen im Gegensatz zu den anderen die Beziehung bereits nach vier Monaten genau deshalb beendet hat.

8. Bewertung der Partnerschaften durch die Frauen

Auf die Frage, ob eine solche Partnerschaftskonstellation – deutsche Frau, orientalischer Mann – aufgrund der eigenen Erfahrung anderen Frauen empfohlen wird oder ob von diesen abgeraten wird, antwortet die überwiegende Mehrheit differenziert. Nur wenige raten davon ab (wobei hierbei ein Bias[74] durch „Political Correctness" unterstellt werden kann), nur etwas mehr raten eindeutig dazu. Bemerkenswert ist dieses Ergebnis umso mehr, da sich unter den Frauen sowohl viele laufende als auch mehrere gescheiterte Partnerschaften befinden. Es kommt also auch bei positiven Erfahrungen in der laufenden Beziehung nicht zu einem eindeutigen „Go!", und auch bei negativen Erfahrungen in einer früheren Beziehung nicht zu einem eindeutigen „No!".

Positiv hervorgehoben werden vor allem folgende Punkte: Erhöhter Kommunikationsbedarf, Horizonterweiterung, Höflichkeit und andere Umgangsformen, Verhältnis zur Ursprungsfamilie, Geselligkeit, entspannterer Umgang mit Alltagssituationen, Unterschiedlichkeit (interessant), beschützende Haltung zur Partnerin, kein Alkoholismus, Gastfreundschaft, stärkere Emotionalität und Herzlichkeit, Männlichkeit, gelebte(re) Weiblichkeit, Zusammenhalt der Familie.

---

74 Hier: Verzerrung der eigenen Wahrnehmung, Erinnerung und Urteile durch bestimmte Grundannahmen, verbunden mit der Überzeugung, absolut rational und unvoreingenommen zu handeln. Wie im vorliegenden Fall geht es oft um gesellschaftlich verpönte Themen und in diesem Zusammenhang die Aufrechterhaltung eines positiven Selbstbildes. Konkret hier: Das eindeutige Abraten von einer solchen Beziehung würde die Person angreifbar für Kritik machen (z. B. Vorwurf der Diskriminierung), oder sie hätte selbst ein Problem mit einer solchen Aussage.

Kritisch betrachtet werden vor allem folgende Punkte: Mögliche Einflüsse des Glaubens[75], kulturelles Rollenverständnis für Geschlechter, Wertvorstellungen, Kindererziehung, Einfluss der Ursprungsfamilie, gesellschaftliche Ressentiments, Unzuverlässigkeit, Umgang mit dem Lebenskonzept der Frau aktuell bzw. vor der Beziehung (z. B. Ausgehen, Urlaube), Probleme mit ihren außerhäuslichen Kontakten und ihrem vermeintlich (zu) freizügigen Outfit, ungeklärter Aufenthaltsstatus, großer Unterschied in Allgemeinbildung und im Interesse für kulturelle Events, Aberglaube, Wunsch nach Migration nach Europa als Hauptmotivation, finanzielle Ausnutzung (wenn noch im Heimatland), unterschiedliche Arbeitsmoral, nicht offener Kommunikationsstil, ausufernde Gastfreundschaft, Sprachbarriere, Verunsicherungen des Partners durch die Migrationserfahrung (z. B. Aufgabe von Vertrauten).

Dabei wurde immer wieder betont, dass eine pauschale Beurteilung nicht möglich ist und die Kompatibilität und die Funktionsfähigkeit vom Einzelfall bzw. von beiden Individuen abhängig sind, wobei bei der Frau im Wesentlichen die oben diskutierte Offenheit und Bereitschaft zur Anpassung (und Verzicht) hervorgehoben wurden.

Ein oben genannter positiver Aspekt sei an dieser Stelle diskutiert, da er häufig von den Frauen genannt wurde und missverständlich interpretiert werden könnte. Vielen von ihnen imponierten die Höflichkeit und andere interpersonelle Manieren der orientalischen Männer, v. a. auch die Überschüttung mit liebevollen Sprüchen und Gesten. Erinnern diese Eigenschaften und Verhaltensweisen nicht an den berühmt-berüchtigten „Latin Lover"[76], mit dem eher Oberflächlichkeit und das allei-

---

75 Besonders bei strenger Religiosität wurde Vorsicht angemahnt oder von einer Beziehung abgeraten.

76 Stereotype Bezeichnung eines romantischen und leidenschaftlichen Liebhabers aus einem Land am Mittelmeer oder Lateinamerika (frei übersetzt aus COLLINS: Free online dictionary). Heute vergleichbar mit dem Begriff „Womanizer".

nige Ziel der „Eroberung" assoziiert wird? Ja, aber der Vergleich
hinkt erheblich. Aus eigener langjähriger Erfahrung mit dem
Leben im orientalischen Raum und durch Reflexion des eigenen
bikulturellen Hintergrundes – mit sicher anzunehmenden Ein-
flüssen auch der „orientalischen Hälfte" – kann ich sagen, dass
hier andere Faktoren und Motive eine große Rolle spielen. Es ist
eine Mischung aus kultureller Prägung, Tradition und familiärer
und gesellschaftlicher Sozialisation, die hier Werte wie Respekt,
Achtung und Höflichkeit definiert. In der eigenen Familie wird
vorgelebt, dass beispielsweise Schimpfwörter nicht zum Alltag
gehören („Lernen am Modell")[77]. Im sozialen Miteinander gibt es
tradierte Höflichkeitsfloskeln, Rituale, Rangfolgen und Tabus,
die ebenfalls prägen. Manche sind mittlerweile aufgeweicht, vor
allem in urbanen Gebieten; im Kern sind sie aber noch vorhanden.
Und auch die übertrieben anmutenden verbalen, mimischen und
gestischen Ausdrücke von Verliebtheit, gar Vernarrtheit in die
Partnerin sind vor dem Hintergrund einer Kultur zu verstehen,
die nicht nur in der Dichtung zu einer blumigen, opulenten und
überfrachteten Wortwahl und Formulierung neigt[78], sondern –
passend dazu – auch in der Alltagssprache. So sagt der persische
Mann zu seiner Partnerin auch noch nach Jahren gut laufender
Beziehung: „Fadaat bescham!", also „Möge ich mich für dich op-
fern". Oder noch häufiger: „Djaan!" im Sinne von „Mein Leben
für dich". Ähnliches kennt man auch vom türkischen Mann:
„Hayatim!" (Mein Leben), „Hayatinim anlami!" (Die Bedeutung
meines Lebens), „Dünyam" (Meine Welt). Und vom arabischen
Mann: „Omrey" (Mein Leben), „Ghalbey" (Mein Herz). Frederi-

---

77 Psychologie: Auch als „Beobachtungslernen" oder „soziales Lernen"
   bekannt. Neue Informationen und Fähigkeiten werden durch Beob-
   achtung und Nachahmung anderer erworben.
78 Hier ein Beispiel von einem zeitgenössischen iranischen Lyriker
   (Reza Nikookar), frei übersetzt: Obgleich bisweilen mein Befinden
   wie deine Mähne ist, Liegt die Quelle meiner Ruhe unter deinen Au-
   genbrauen. Lächle, damit du anstatt Blut Honig in mir fließen lässt,
   Die besten Produkte sind speziell aus deinen Bienenstöcken.

ke, die in Ägypten lebt (siehe oben), schrieb in einem späteren Austausch über dieses Thema: „Diese blumige Sprache wird ständig verwendet. In Beziehungen, auch nach langer Zeit. Im Alltag und auch sehr in Bezug auf die Familie. Meine Schwiegermutter bekommt ähnliche Bezeichnungen wie ich. Wobei dazu gesagt werden muss, dass es hier ja komplett anders läuft, wenn die Männer traditionell Ägypterinnen heiraten. Da gibt es dann vor einer Hochzeit ja nur ca. drei Kennenlerntreffen und da holt der Mann, wenn sie ihm gefällt, meist die volle Breitseite raus an blumigen Komplimenten. Wenn es gut läuft und die Ehe glücklich ist, nimmt das dann nicht wirklich viel ab." Der letzte Satz ist besonders interessant!

Hier noch – passend zu diesen Erklärungen und Beispielen – ein Auszug aus dem oben schon zitierten Artikel aus der Zeitung taz (siehe „Forschungs- und Kenntnisstand"), in dem der Syrer erklärt: „Ich konnte sie mit leidenschaftlichen Komplimenten überhäufen – während ich erwartete, dass sie antworten würde: ‚Oh, Adham, du hast ein Feuer in meinem Herzen entzündet', sagte sie schlichtweg: ‚Oh, danke, das ist nett.' Im klassisch-arabischen Ideal ist Liebe mit poetischer, idealistischer Romantik verbunden; sie ist eine ewig währende Zuneigung, die theoretisch zu einer Verpflichtung in Form des heiligen Bundes der Ehe führt."

9. Schlussbetrachtung und Fazit

Diese explorative Untersuchung verfolgte das Ziel, herauszu-
finden, warum es trotz erheblich verschlechterter politischer
und gesellschaftlicher Rahmenbedingungen in den vergangenen zwei Dekaden immer noch nicht wenige Frauen gibt, die
sich auf Beziehungen mit Männern aus dem orientalisch-islamischen Raum einlassen. Dafür wurden mehr als 30 Interviews
mit Frauen geführt, die Erfahrungen mit solchen Beziehungen
hatten oder sich in einer solchen Partnerschaft befinden. Da
es sich nicht um eine repräsentative Untersuchung handelt,
können die Interviews und die Ergebnisse lediglich allgemeine
Tendenzen durch Übereinstimmung aufzeigen.

Unter Zugrundelegung der Analyse der hier erhobenen Ergebnisse werden folgende Schlüsse gezogen:

1. Es ist davon auszugehen, dass – trotz gegenteiliger Annahme
   der meisten Frauen – die negativen Schlagzeilen der letzten
   Jahre und das belastete gesellschaftliche Klima durchaus
   Einfluss auf die Kennenlernphase und die anfängliche Ent-
   wicklung der Beziehung hatten. Der Verneinung eines solchen
   Einflusses bei der direkten Befragung hierzu stehen mehrere
   Indikatoren gegenüber, die dafürsprechen. Die dazugehörigen
   Gedanken und Gefühle wurden entweder verdrängt oder nicht
   als solche wahrgenommen. Oder aus politischer Korrektheit
   nicht zugegeben.

2. Der (islamische) Glaube ist nur ein Teilaspekt der kulturellen
   Herausforderungen von deutsch-orientalischen Beziehungen.
   Unabhängig davon gibt es regionale Traditionen, Wertvor-
   stellungen und Verhaltensweisen, die ebenso in diesem Sinne

bedeutsam sind.[79] Hierbei seien beispielhaft die Bedeutung der Großfamilie und unterschiedliche Konzepte bei der Kindererziehung genannt.

3. Die vermeintliche Überlegenheit der westlichen Kultur wird von Frauen mit der Bereitschaft für eine Beziehung aus einem orientalischen Kulturkreis nicht aktiv vertreten. Allenfalls werden historische, technische und gesellschaftspolitische Errungenschaften und Kompetenzen des eigenen Geschlechts in der europäischen Kultur gesehen. Parallel werden aber auch die als positiv erlebten Besonderheiten der orientalischen Kultur durchaus gewürdigt, die eher im sozialen Bereich verortet werden, so z. B. der innerfamiliäre Halt und der im Vergleich respektvollere gesellschaftliche Umgang.

4. Tatsächlich scheint es so, dass bei weniger zu befürchtenden gesellschaftlichen Nachteilen die Frauen sich leichter auf eine solche Beziehung einlassen würden. Unter Ausschluss dieses Punktes erscheint die orientalische Herkunft des Partners für die Frauen weniger risikobehaftet. Das zeigt sich insbesondere an den Vorbehalten bei der Annahme des Nachnamens des Ehemannes und bei der Auswahl der Vornamen der Kinder. Aus eigener Erfahrung des Autors kann hierzu angeführt werden, dass ein nicht deutscher Vorname oder/ und Nachname die Wahrnehmung einer Person als „Halbdeutschen" erheblich erschwert, oft verunmöglicht. Ämter, Behörden, andere Institutionen (z. B. Sportvereine), Familie (der Partnerin/des Partners), potenzielle Arbeitgeber (Vorstellungsgespräche), Arbeitskollegen und sogar Freunde se-

---

79 Das – in gewisser Weise zufällig entstandene – Interview über eine gleichgeschlechtliche deutsch-orientalische Partnerschaft hat aber beispielhaft gezeigt, dass die Religion unter Umständen maßgeblich oder wie hier die einzige entscheidende Komponente sein kann für die Funktionsfähigkeit einer solchen Beziehung.

hen nur oder fast ausschließlich „die andere Seite", was sich zum Beispiel an Fragen zeigt wie: „Wie wird das bei euch gefeiert?" oder „Bist du noch manchmal in deiner Heimat?". Bei Freunden, bei denen der Vor- oder/und Nachname deutsch ist, wird ein solcher Umgang nicht beobachtet, das „Zugehörigkeitsgefühl" ist dort auf beiden Seiten viel leichter gegeben oder gar selbstverständlich[80]. Die Halbdeutschen mit einem nicht deutschen Vor- oder/und Nachnamen werden praktisch mit eingebürgerten Ausländern kulturell gleichgesetzt, deren Wahrnehmung als „Deutsche" weiterhin nur auf staatsrechtlicher Ebene erfolgt und nicht auf breiter gesellschaftlicher Ebene[81]. Daran ändert sich auch nichts, wenn „die Halben"[82] in Deutschland geboren und sozialisiert sind, ihre Erstsprache (oder gar einzige Sprache) Deutsch ist, sie sich selbst als Deutsche identifizieren und sie keinen oder wenig Bezug zum Herkunftsland des ausländischen Elternteils haben[83]: Von der Mehrheitsgesellschaft werden sie in der Regel nicht als

---

80 Zur Bedeutung des Vor-/Nachnamens für die Wahrnehmung in der Gesellschaft findet sich in der Autobiografie der ehemaligen Korrespondentin/Moderatorin von CNN, Hala Gorani (Eltern aus Syrien, heller Teint, blaue Augen), eine interessante Geschichte über ihre Zeit nach der erfolgreichen Beendigung einer Pariser Elitehochschule für politische Studien (an der auch die sechs letzten französischen Staatspräsidenten studiert hatten). Trotz dieses Abschlusses (und vieler Praktika) bekam sie bei ihren Bewerbungen nur wenige Stellenangebote. Erst als sie ihren eigentlichen Namen von Hala Basha (Nachname des Vaters, arabisch klingend) in Hala Gorani (Nachname der Mutter, als europäisch verkannt) umwandelte, erhielt sie doppelt so viele Stellenangebote. Hala Gorani (2024): But You Don't Look Arab, Hachette Books.

81 Siehe hierzu auch: Bijan Hadji: Integration verlangt Herz. DIE ZEIT, Nr. 6/1998.

82 Diese Bezeichnung war unter uns Jugendlichen und jungen Erwachsenen mit einem ähnlichen Hintergrund – ein Elternteil deutsch, ein Elternteil nicht-deutsch – üblich.

83 Gwendolyn Gilliéron, Binationale Herkunft und Zugehörigkeit, Verlag Barbara Budrich, 2022.

solche anerkannt, wenn Namen (oder Aussehen) eine andere Wahrnehmung auslösen.[84]

5. Offenbar ist die Bereitschaft der besagten Männer für eine Beziehung zu einer älteren Frau aus dem westlichen Kulturkreis größer, was wiederum die Hemmschwelle bei diesen Frauen für eine solche Partnerschaft reduzieren bzw. die Relevanz der Konfliktpotenziale für sie relativieren könnte. Erfahrungsgemäß dürfte es mit zunehmendem Alter schwieriger sein, einen deutlich jüngeren deutschen Mann als Partner zu finden. Dabei kann unterstellt werden, dass es um Themen wie Aussehen und Vitalität eines solchen Mannes und um die subjektive Aufwertung der eigenen Attraktivität geht, was nicht immer oder unbedingt bewusst sein muss.

6. Die Entwicklung von Beziehungen ist komplex und individuell. Sehr viele Faktoren können hier eine Rolle spielen: Genetik[85], Geburtsort, Wohnort, Stadtteil, Familie, Kindheit, Freunde, Schule, Ausbildung, Arbeit, Freizeit (zum Beispiel Hobbys)[86], Reisen, lokale und globale Politik und letztendlich Zufall. Einfache Erklärungsmodelle sind daher nicht geeignet, schon gar nicht können sie den Anspruch auf Generalisierung haben.[87]

---

84 Siehe hierzu auch: Naika Foroutan, Isabel Schäfer (2009): Hybride Identitäten – muslimische Migrantinnen und Migranten in Deutschland und Europa. In: Aus Politik und Zeitgeschichte (APuZ), Nr. 5, Bundeszentrale für politische Bildung.
85 Zum Beispiel äußere Merkmale, bestimmte Charakterzüge, Gesundheitszustand.
86 In der hier untersuchten Gruppe kommt das Thema Tauchen in Ägypten einige Male vor.
87 Béatrice Hecht-El Minshawi schreibt in ihrem Buch „Wir suchen, wovon wir träumen" (s. Fußnote 28) thematisch passend: [Es] sind einerseits die prägenden Erfahrungen im Lebensverlauf und andererseits ihre spezifische Lebenslage zum Zeitpunkt der Begegnung, die das Kennenlernen begünstigen und die Partnerwahl beeinflussen.

7. Trotz des anzunehmenden, zusätzlichen (und von vielen unterschätzten) Risikos für Konflikte und Schwierigkeiten im Vergleich zu einer „einheimischen Beziehung" sehen viele Frauen in dem „Experiment" einer Beziehung mit einem orientalisch-islamischen Mann Chancen und Vorteile. Eine generelle Empfehlung der Interviewten hierfür wird aber nicht erteilt. Während sich also die meisten anfangs offenbar eher unbedacht, unbekümmert und sorglos auf eine solche Partnerschaft eingelassen haben, würden sie es im Nachhinein oder gegebenenfalls in Zukunft anders betrachten und angehen.

Und resümierend zurück zur Anfangsfrage: Deutsch-Orientalische Liebe – geht's noch? – Ja, auch in Zeiten kultureller und politischer Verwerfungen. Es geht nicht immer einfach, es geht auch in der Regel nicht einfacher als eine „einheimische" Beziehung, es ist auch nicht einfacher geworden als früher. Meistens bedeutet sie deutlich mehr Arbeit, die sich lohnen kann.

Abschließend sei die Prognose erlaubt, dass wahrscheinlich in einigen wenigen Dekaden derartige Fragestellungen und Untersuchungen in unserer Einwanderungsgesellschaft nicht mehr im Fokus stehen werden, da es mit zunehmender Migration, gesellschaftlicher Vielfalt und Durchmischung der Bevölkerung immer mehr Bürger mit (mindestens) einem Elternteil mit Migrationshintergrund und somit bikultureller – oder besser – „hybrider Identität"[88] geben wird und die hier diskutierten deutsch-orientalischen Partnerschaften zumindest in urbanen Gebieten zunehmend zur Normalität werden.

---

88 Bedeutung: Ein Mensch fühlt sich zwei oder mehreren kulturellen Räumen [gleichermaßen] zugehörig, diese Kulturen haben Einfluss auf sein Denken, Fühlen und Handeln. Erstbeschreiber wahrscheinlich Stuart Hall (1932–2014): Soziologe und ein führender Kulturtheoretiker Großbritanniens.

10. Epilog: Die eigene Biografie

1961 lernte mein Vater – ein Kaufmann aus Teheran – in Hamburg meine deutsche Mutter kennen. Er war ein Exot für ihre Familie. Die Reaktionen ihrer Mutter und der vielen Geschwister waren unterschiedlich: Von offen über misstrauisch bis ablehnend. Sie ist letztendlich dem Ruf ihres Herzens gefolgt und ist mit ihm nach Persien gegangen, seinerzeit noch mit der Aussage meines Vaters, dass es nur fünf Jahre werden würden. Dort haben sie geheiratet.

Teheran, 1962

Sie hat sich in Teheran, vor allem dank einer großherzigen, offenen und geduldigen Schwiegermutter, relativ schnell eingelebt. Aber auch der Rest der immerzu wachsenden Großfamilie hat sie herzlich aufgenommen, was ihre Integration sehr erleichtert hat. Rückblickend bezeichnet sie diese Jahre als die schönsten ihres

Lebens. Nach dem Studium der Grundsätze des Islam ist sie formal konvertiert, auch weil eine Heirat im schiitischen Iran sonst nicht möglich gewesen wäre. Aus praktischen Gründen hat sie bei der Einbürgerung den Nachnamen meines Vaters übernommen, was ansonsten zivilrechtlich nicht möglich ist. Das hat dann immer zu Irritationen geführt, weil der gleiche Name eine Verwandtschaft implizierte, was aber allein schon optisch ausgeschlossen war!

1962 kam der erste Sohn zur Welt. Wie selbstverständlich erhielt er einen vor Ort gängigen Namen, sogar einen arabisch-islamischen Doppelnamen. Sechs Jahre später kam ich auf die Welt und erhielt – verblüffend für alle, da komplett gegensätzlich zu meinem Bruder und in der Konstellation nicht üblich – einen rein persischen Namen. Auf diesen hatte sie bestanden, weil sie den Klang schön fand!

Selbstverständlich wurden beide Buben beschnitten. Während mein Bruder auf die „Deutsche Schule Teheran" ging, besuchte ich – aus Kapazitätsgründen – die seinerzeit neu eröffnete, eigens

105

konzipierte und zunächst als Experiment gedachte erste „Iranisch-Deutsche Schule" mit bilingualem Unterricht, in der es fast ausschließlich „halb-halbe" Schüler gab, also mit einem iranischen und einem deutschen Elternteil, was meistens die Mutter war. Diese Zeit mit vielen Kindern mit gleichem Background und einer gewissen Exklusivität in der damaligen iranischen Gesellschaft hat mich sehr geprägt. Die dreimonatigen Sommerferien, manchmal auch ausnahmsweise zu Weihnachten, verbrachten wir bei meiner Oma in Hamburg. Sie stammte übrigens aus Chemnitz; meinen aus Berlin stammenden Opa habe ich nur kurz kennengelernt. Die Sommer in der Altbauwohnung meiner einfach lebenden Oma im Stadtteil Hoheluft waren schön, wenn auch manchmal streng. Es gab auch regelmäßig Treffen mit meinen Tanten Lotti und Trudchen (eigentlich Gertrud) und meinen Onkeln Werner und Peter. Zwei von ihnen hatten Kleingärten, Onkel Peter hatte einen Wohnwagen an der Ostsee. Es gibt viele schöne Erinnerungen aus dieser Zeit, auch mit Cousinen und Cousins.

Die Revolution im Iran im Jahre 1979 war eine epochale Zäsur – auch für uns. Die Schule meines Bruders löste sich ganz auf, er ist dann dauerhaft nach Deutschland gekommen, wo er abwechselnd bei den beiden Tanten untergekommen ist. Meine Schule existierte noch eine Zeit lang, bis die Anzahl der Schüler so weit schrumpfte, dass auch die wenigen verbliebenen Strukturen aufgegeben wurden. Ich verbrachte die siebte Klasse drei Monate nach Schulbeginn auf einem Gymnasium in Hamburg. Als Quereinsteiger war es schwer, den Anschluss an die Klasse zu finden und das Unterrichtsniveau einzuholen, was mir aber letztendlich gelungen ist. Echte Freundschaften bildeten sich aber nicht. Im Heilwig-Gymnasium, das in der (von uns viel zu weit entfernten) noblen Bebelallee lag und mir zugeteilt worden war, war ich mit meinem Nachnamen eine Ausnahme. Da mein Vater trotz des in der Zwischenzeit eingetretenen Kriegszustands (mit dem Irak) in Teheran bleiben wollte, sind auch meine Mutter und ich nach dem Schuljahr zurückgeflogen. Mein deutsches Schulzeugnis wurde von der Schulbehörde in Teheran mit Zähneknirschen akzeptiert

(v. a. wegen des Faches Musik, was im zunehmend islamistischen Iran anfangs verpönt war). Nach Ausbreitung des Krieges in die Hauptstadt schickte mein Vater uns ein Jahr später wieder nach Deutschland. Wieder Quereinstieg, wieder nachholen, wieder in die Klasse reinfinden, es war keine schöne Zeit. Nachdem der Krieg „Normalität" wurde und die Hauptstadt nur sporadisch von Raketen getroffen oder von irakischen Kriegsjets angegriffen wurde, kehrten wir nach dem Schuljahr wieder zurück. Von der zehnten bis zur zwölften Klasse hatte ich daher nur Unterricht auf Persisch. Interessant für mich auf der Schule war, dass meine helle Hautfarbe nicht zu Fragen führte. Mein Vor- und Nachname qualifizierten mich offenbar dafür, einer von ihnen zu sein.

Die Zeit der Pubertät war auch die, in der ich mich sehr intensiv mit der Identitätsfrage auseinandergesetzt habe: Bin ich Perser, Deutscher, Halber; bin ich Moslem, nur weil ein Stück Haut fehlt oder weil der Glaube vom Vater „geerbt" wird, bin ich alles oder gar nichts? Eine religiöse Erziehung gab es bei uns nicht. Im Land erlebte ich die religiösen Rituale, Praktiken und Feste. Die starke Durchmischung mit Aberglauben und „Missbrauch" der Religion für profane Ziele und Wünsche, wie zum Beispiel Opfergaben für die Genesung von Menschen, habe ich immer kritisch und auch demonstrativ ablehnend betrachtet. Damals kam noch die politische Instrumentalisierung des Glaubens hinzu, was aber nicht offen kritisiert werden konnte. In unserem Mikrokosmos zu Hause feierten wir immer Weihnachten und Ostern; selten waren wir über die Weihnachtstage bei Oma in Deutschland, da sich unsere Schulferien an den Vorgaben in Teheran orientierten. Ich erinnere mich gerne und nostalgisch an Laternenumzüge durch den Stadtteil Dezashib in Teheran zum Sankt-Martins-Tag. Und an die tollen Weihnachtsbasare, die es übrigens immer noch gibt, wenn auch in abgespeckter und inhaltlich veränderter Version. In Deutschland besuchte ich mit meiner Mutter Erntedankfest-Gottesdienste, die sie immer noch liebt. Um also meinen eigenen Standpunkt zu finden, las ich den Koran, einige Passagen aus dem Alten Testament und viele Kapitel aus dem Neuen Testament. Schlauer wurde ich nicht. Wie konnten beide Religionen Recht haben, wo sie doch zum Teil sehr unterschiedlich waren und sogar gegensätzlich, ja gar sich gegenseitig infrage stellten? So verneint der Islam die Trinität (Dreieinigkeit: Vater, Sohn und Heiliger Geist) und hält die Kreuzigung Jesu für eine Verwechslung und einen historischen Irrtum. Später habe ich verstanden, dass es bei Religionen und Glauben nicht um Fakten und Wissen geht, sondern eben um ... Glauben. Damit habe ich meinen Frieden schließen können.

Eine interessante und für damalige Verhältnisse exklusive Erfahrung in dieser Zeit war die Freundschaft zu einer jüdischen Familie in unserer Straße, wodurch ich einige Einblicke in ihren Glauben bekommen konnte. Damals lernte ich sogar ein bisschen Hebräisch. Das Vertrauen der Familie zu mir war so gewachsen, dass ich einmal sogar zu einem ihrer Feste mitgenommen wurde. Die Familie ist später in die USA geflüchtet.

Nach dem Abitur im Iran wollte ich zur Verwirklichung meines langjährigen Traumes – das Medizinstudium – nach Deutschland. Die doppelte Staatsbürgerschaft war im Iran nicht relevant: Für den Staat war ich nicht (auch) Deutscher[89], sondern nur Iraner. Als solcher hätte ich das Land, obendrein im Kriegszustand, nicht im Wehrpflichtalter verlassen können. Es blieb also nur der Fluchtweg über eine Grenze: Ein Albtraum und eine Zumutung für meine Eltern, die es aber mit beeindruckender Geduld, Verständnis und Unterstützung mitgetragen haben. Auf die Einzelheiten möchte ich hier nicht eingehen.[90] Jeden-

89 Bemerkenswerterweise kann die deutsche Staatsbürgerschaft über die Mutter erst seit 1975 regulär erworben werden, wovon viele wie ich betroffen waren.
90 Für Details siehe: Bijan Hadji (2007): Flucht in die Heimat – von der Heimat. In: „Fluchtwege – Lebenswege – Meine Geschichte: Jetzt will ich sie erzählen". Anthologie von Beiträgen zum bundesweiten Erzählwettbewerb 2005 (BIM-Schriftenreihe Migration und Literatur), Free Pen Verlag.

falls bin ich nach einem mehrtägigen Trip mit Bus, Auto und zu Fuß über die Grenze zur Türkei schließlich in Istanbul angekommen (siehe Bild unten). Da die Deutsche Botschaft bereits vorab involviert war, konnte ich dort einen neuen Pass abholen und nach einigen Tagen, mit manchen verbliebenen kleinen und großen Unsicherheiten, doch noch nach Deutschland fliegen, wo mich mein lieber Bruder erwartete.

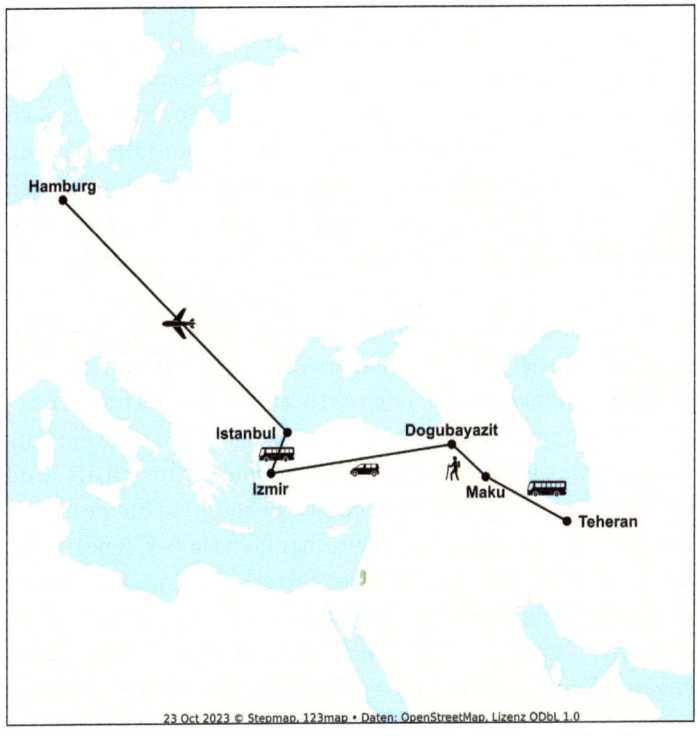

Ein mühsamer und gefährlicher Weg nach Deutschland
trotz deutscher Staatsangehörigkeit

Nachdem ich das 13. Schuljahr auf einem Spezialkolleg in Hamburg für Abiturient:innen aus nicht europäischen Ländern nachgeholt habe, konnte ich schließlich Medizin studieren und Arzt werden. Mitte der 1990er gab es im Verhältnis zur Anzahl der approbierten Ärzt:innen wenige Facharztstellen in den Kliniken. Ich hatte den beruflich relevanten Teil meines Lebenslaufes mit so vielen positiven Punkten bestückt – Mindeststudienzeit, gute Abschlussnote, zwei Semester an der traditionsreichen und renommierten Universität Heidelberg, Praktikum in London und in San Diego (Kalifornien), früh abgeschlossene Doktorarbeit, parallel bestandenes amerikanisches medizinisches Staatsexamen –, dass ich mir sehr gute Chancen ausmalen durfte. Mein Nachname stellte sich aber hier als ein Hindernis heraus, insbesondere in einer Zeit, in der die Chefärzt:innen aus einer Vielzahl von Bewerbungen aussuchen konnten. Die spätere Absicht, die Facharztausbildung in den USA zu machen, habe ich nach einem sechsmonatigen Aufenthalt dort wieder fallen lassen, was zusammenfassend damit begründet werden kann, dass ich den europäischen Geist vermisst habe und mir doch kein längerfristiges oder gar dauerhaftes Leben dort vorstellen konnte.

Während zu den meisten von mindestens 18 Cousins und Cousinen väterlicherseits immer ein herzliches Verhältnis bestand und dieses teilweise auch noch aktiv erlebt und gelebt wird, besteht zu keiner Cousine und keinem Cousin mütterlicherseits Kontakt, was ich sehr schade finde. Dabei wollte ich als Kind immer meine Cousine Anja irgendwann heiraten! Meine besten Freunde sind ein Perser, ein Deutscher, „ein Halber" (wie bei mir ist die Mutter Deutsche, der Vater Perser) und eine Deutsch-Armenierin. Meine erste längere Beziehung in Deutschland war ebenfalls „eine Halbe"; sie scheiterte an Themen, die nicht im engeren Sinne kulturell waren. Meine erste Ehe mit einer Iranerin scheiterte nach bereits zwei Jahren an eindeutig kulturellen Aspekten. Um nicht in Details zu gehen, sei hier nur ein Beispiel genannt. So vertrat sie – von Beruf Zahnärztin – die Haltung: Mein Geld ist mein Geld und dein Geld (als Mann) ist unser Geld. Meine jetzige und hoffentlich letzte Ehe mit einer Deutschen – Vater Schwabe, Mutter aus Schleswig-Holstein – kann ich als glücklich bezeichnen, auch wenn sie – wie fast alle Partnerschaften – trotzdem Arbeit bedeutet hat und dies auch weiterhin tut. Im engeren Sinne kulturelle Probleme haben wir nicht (gehabt), was meine Frau allerdings anders sieht! Auch das größtenteils nach deutschem Muster gelebte Familienleben verhindert aber in der Regel immer noch nicht, dass meine deutsche Hälfte und meine deutsche Vergangenheit und Gegenwart von unserem unmittelbaren sozialen Umfeld ausgeblendet werden.

Unsere beiden Söhne haben in Deutschland bekannte, altbiblische Namen erhalten, mit denen sie auch iranische Dokumente erhalten würden, ohne die früher eine gemeinsame Reise nicht ohne Weiteres möglich gewesen wäre. Es war für mich immer klar, dass meine Kinder nicht meinen Nachnamen bekommen sollten, sondern den ihrer Mutter. Die Gründe waren die negativen Erfahrungen mit dem eigenen, arabisch-stämmigen Namen, wenn auch nicht im Sinne von aktiver Diskriminierung, sondern andersartigen Nachteilen. Diese Entscheidung für den deutschen Nachnamen war für meinen Vater schwer, es beruhigte ihn aber, dass die Kinder in den iranischen Dokumenten seinen Nachnamen erhielten. Beschnitten wurden beide selbstverständlich nicht. Umso mehr ist die Taufe unserer beiden Söhne von mir nicht auf Begeisterung gestoßen. Für mich führen Taufe und Beschneidung zu einem dauerhaften Stempel, dem das Kind ungefragt ausgeliefert wird, wobei die Taufe keine körperlichen Spuren hinterlässt und im Lebenslauf an Bedeutung verlieren kann. Die Kinder verstehen beide besser Persisch, als sie es sprechen können. Durch die frühen Kontakte zu Land und Familie haben sie immer noch großes Interesse, ab und zu die Urlaube dort zu verbringen. Meine eigenen Reisen nach Teheran sind selten geworden, seit mein Vater das Zeitliche gesegnet hat.

Übrigens: Aus dem fünfjährigen Aufenthalt meiner Mutter wurden 60 Jahre. Und sie hält sich immer noch sehr gerne für einige Monate im Iran auf, wo sie wiederum Freundinnen mit einer ähnlichen Vorgeschichte hat wie sie. Und natürlich noch einige Angehörigen meines Vaters, mit denen sie viele Jahre, ja,

Jahrzehnte verbracht hat und die sie nicht missen möchte. Das ist aber eine andere Biografie, die ihre eigene Geschichte hat ...

Also was bin ich?
Früher habe ich die Jungs beneidet, die sich diese Frage nicht stellen mussten. Sie waren in ihren kulturellen Identitäten verankert, und sie wurden von ihren jeweiligen Mehrheitsgesellschaften entsprechend gesehen. Für mich war es ein langer Prozess der Selbstfindung. Es war eine fortwährende Auseinandersetzung mit dem eigenen „Ich" und den Erfahrungen in unterschiedlichen Ländern, nicht nur in Deutschland und im Iran. Mir ist immer wieder aufgefallen, dass ich mich leichter als andere von einer Stadt, einer „Heimat" lösen und anderswo leben kann. Vielleicht verkörpert Mallorca, wo ich – Stand heute – gerne später leben würde (früher waren es Brasilien, USA, Portugal), eine gewisse Synthese aus meinen beiden Herkunftsländern: Sonne, entspannterer Umgang im Miteinander, Herzlichkeit plus Disziplin, Zuverlässigkeit und Ordnung. Ich liebe persisches Essen und die deutsche Kaffee-und-Kuchen-Kultur. Ich lese immer noch gerne die Weisheiten und mystisch-philosophischen Verse der altpersischen Dichter Hafiz und Maulana, habe andererseits Hermann Hesse[91] und Rainer-Maria Rilke zu meinen Lieblingsdichtern erkoren. Ich freue mich immer noch auf das persische Neujahrsfest „Nowruz" zu Beginn des Frühlings, aber auch die Adventszeit und Weihnachten gehören für mich zu wichtigen Zeiten im Jahr. Ich liebe das spontane und gelassene Beisammensein meiner persischen Familie, aber auch die Einzelgespräche mit einem guten Freund bei einem guten Essen in einem ruhigen Restaurant. Ich mag den Klang von

---

91 Tatsächlich wurde ich bei einem Vorstellungsgespräch für eine Assistenzarztstelle in der Neurologie in Bremerhaven auf dieses Thema angesprochen. Daraufhin sollte ich ein Gedicht von Hesse aufsagen. Ich konnte „Im Nebel" auswendig. Bekommen habe ich die Stelle dennoch nicht.

Zither und Rohrflöte (Ney), habe aber früher leidenschaftlich Saxofon gespielt. Ich träume gerne bei manch altiranischer, traditioneller Musik, und ich freue mich jedes Jahr auf Bachs Weihnachtsoratorium.

Mein Horizont ist durch meine unfreiwillige Biografie erweitert worden. Die einstige Verwirrung ist der Erkenntnis gewichen, dass trotz aller Turbulenzen in meinem Leben dieser bikulturelle Hintergrund doch eher ein Luxus ist. Ich kann das – aus meiner Sicht – Beste aus jeder der beiden Kulturen für mich herauspicken. Ich habe die Suche nach der Zugehörigkeit aufgegeben, weil es sie für mich nicht gibt. Wir „Halben" haben unsere eigene Identität[92], die Bezeichnung „hybrid" trifft es, glaube ich, sehr passend: Es ist kein Nebeneinander von zwei kulturellen Hintergründen, vielmehr werden diese ineinander integriert und entsprechend gefühlt und gelebt.

---

92 Es versteht sich von selbst, dass es *die* Halben nicht gibt, auch nicht, wenn die Herkunft der Eltern angegeben wird. Es gilt auch hier das Prinzip der Individualität.

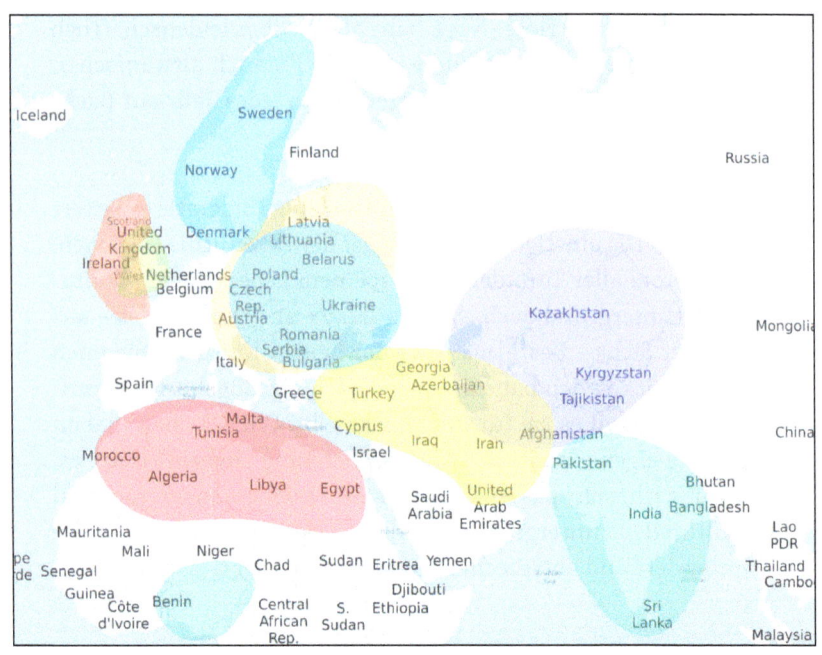

Meine ethnische Zugehörigkeit[93]

- Westasiate   33,2 %
- Engländer   24,6 %
- Osteuropäer   21,8 %
- Nordafrikaner   6,0 %
- Ire, Schotte und Waliser   5,6 %
- Südasiate   3,7 %
- Skandinavier   1,7 %
- Ashkenasischer Jude   1,2 %
- Zentralasiate   1,1 %
- Nigerianer   1,1 %

---

93 DNA-Bestimmung über die Firma MyHeritage

11. Anhang (Interviewfragen)

Fragen der Interviews, hier zum Teil nur als Stichwort formuliert, meistens zusätzlich ausgeführt:[94]

Biografisch-soziale Angaben
1. Vorname
2. Beruf
3. Alter (Beginn der Beziehung)[95]

Umstände, Dauer und Stand der Bekanntschaft
4. Beginn der Beziehung (Jahr)
5. Ggf. seit wann verheiratet?
6. Dauer der Beziehung/Ehe
7. Herkunftsland
8. Ist/war er Moslem?
9. Ist/war er hier geboren oder als Kind/Jugendlicher/Erwachsener gekommen (wann)?
10. Umstände der Bekanntschaft

Eigene und familiäre Vorstellungen zu dem Thema
11. Unsicherheiten/Sorge in Hinblick auf kulturellen Hintergrund (Fremdheit & orientalisches Land)?
12. Haltung Familie (Vater, Mutter, Geschwister) relevant?
13. Reaktion der eigenen Familie
14. Reaktion seiner Familie

---

94 auf Wunsch gesiezt oder geduzt (von der jüngeren Generation bevorzugt)
95 Im Verlauf stellte sich heraus, dass auch das Alter des Mannes interessant ist (nicht selten jünger, zum Teil deutlich). Daher wurde im Verlauf auch nach dem Altersunterschied gefragt, bei einigen in Form von schriftlicher Nachfrage.

15. Früher Gedanken darüber gemacht, ob der Partner Deutscher sein sollte?
16. Ggf. auch an Partner aus Orient gedacht?
17. Wolltest du gezielt jemanden aus diesem Kulturkreis?
18. Frühere Beziehung zu nicht-deutschem Mann?
19. Gab es im Umfeld eine ähnliche Konstellation?
20. Davor Erfahrung mit Menschen aus diesem Kulturkreis gehabt?

Kinder
21. Im Falle von Heirat: Gemeinsamer Nachname/Nachname der Kinder?
22. Vornamen der Kinder
23. Religion der Kinder
24. Thema Beschneidung (Sohn)
25. Kinder zweisprachig?

Kultur und Glauben
26. Hast du seine Muttersprache gelernt, (ggf.) hast du es vor?
27. Ggf. Aufenthaltsstatus Grund/Anlass für Heirat (ggf. vorgezogen)?
28. Ist/War ein gemeinsames Leben in seinem Land vorstellbar?
29. Sorge vor fremdenfeindlichen Erlebnissen gegen ihn/beide (gehabt)?
30. Bist du religiös/gläubig?
31. Betet(e) er regelmäßig? Ggf. anfangs dadurch irritiert?
32. Trinkst du Alkohol? Ggf. ein Problem für ihn (gewesen)?
33. Sonstige kulturelle Themen, die zu Diskussionen führten, führen oder wohl führen werden?
34. Was hat zum Ende der Beziehung/Ehe geführt?

Abschließende Beurteilung
35. Würdest du eine solche Beziehung anderen [deutschen] Frauen empfehlen oder eher davon abraten?

Die Fragen 11, 29 und 35 wurden in Hinblick auf die Fragestellung zu „Kernfragen" definiert, wobei sich viele Indikatoren zur allfälligen Bedeutung „kultureller und politischer Verwerfungen" bei der Entscheidungsfindung der Frauen in Zusammenhang mit einem orientalischen Partner auch in den Antworten zu den anderen Fragen fanden.

12. Literaturverzeichnis

- Armand Farsi (2014): Migranten auf dem Weg zur Elite? Springer VS.
- Barbara Walids (1998): Trotz der Differenz. Waxmann Verlag.
- Béatrice Hecht-El-Minshawi (1990): Wir suchen, wovon wir träumen. Studie über deutsch-ausländische Paare. Nexus Verlag.
- Betty Mahmoody (1991): Not Without My Daughter. Deutsch von Herlind und Grau und Klara D. Klein. Bastei Lübbe Verlag.
- Bijan Hadji: Integration verlangt Herz. DIE ZEIT, Nr. 6/1998.
- Bijan Hadji (2007): Flucht in die Heimat – von der Heimat. In: „Fluchtwege – Lebenswege – Meine Geschichte: Jetzt will ich sie erzählen". Anthologie von Beiträgen zum bundesweiten Erzählwettbewerb 2005 (BIM-Schriftenreihe Migration und Literatur), Free Pen Verlag.
- Brigitte Weißmeier, Klaudia Jacobs (2014): „Paarbeziehungen. Bikulturalität. Globalisierung". Verband binationaler Familien und Partnerschaften, LIT Verlag.
- Bundeszentrale für politische Bildung (bpb): „Vor 60 Jahren: Anwerbeabkommen zwischen der Bundesrepublik Deutschland und der Türkei", 27.10.2021.
- Bürgerliches Gesetzbuch (BGB), überarbeitete Auflage 2024.
- Fariba Karimi, Mathieu Génois, Claudia Wagner, Philipp Singer & Markus Strohmaier (2018): Homophily influences ranking of minorities in social networks. Springer Scientific Reports 8, Art. N. 1107.
- Giovanni di Lorenzo (2023): Vom Leben und anderen Zumutungen. Verlag: Kiepenheuer & Witsch.
- Hala Gorani (2024): But You Don't Look Arab, Hachette Books.
- Jan Plamper (2019), Das Neue Wir. S. Fischer Verlag.
- Katholisch-Islamische Ehen – Eine Handreichung. Erzbistum Köln, Hauptabteilung Seelsorge. 2016.

- Margarete Menz (2007): Biographische Wechselwirkungen. Genderkonstruktionen und „kulturelle Differenz" in den Lebensentwürfen binationaler Paare. transcript Verlag.
- Merlis Wehner (2010): „Abu, Mama und bébé". Verband Binationaler Familien und Partnerschaften, Eigenverlag.
- Naika Foroutan, Isabel Schäfer (2009): Hybride Identitäten – muslimische Migrantinnen und Migranten in Deutschland und Europa. In: Aus Politik und Zeitgeschichte (APuZ), Nr. 5, Bundeszentrale für politische Bildung.
- Pediatrics (2012): Male Circumcision. 130 (3): 585–586.
- Savita Caroline Umoette (2000): „Du verstehst mich nicht…: Kommunikationsprobleme und Lernprozesse in interkulturellen Partnerschaften". Institut für Ethnologie, Ruprecht-Karls-Universität Heidelberg.
- Skopek, J. et al. (2009): Partnersuche im Internet: Bildungsspezifische Mechanismen bei der Wahl von Kontaktpartnern. Kölner Zeitschrift für Soziologie und Sozialpsychologie 61.
- Thilo Sarrazin (2010): Deutschland schafft sich ab: Wie wir unser Land aufs Spiel setzen. Deutsche Verlagsanstalt.

Hinweis zu den Bildern: Die drei Landkartenbilder wurden vom Autor erworben. Für die Schwarz-Weiß-Fotos liegt eine schriftliche Einverständniserklärung vor.

EIN HERZ FÜR AUTOREN A HEART FOR AUTHORS À L'ÉCOUTE DES AUTEURS MIA ΚΑΡΔΙΑ ΓΙΑ ΣΥΓ
ΑΤΑ FÖR FÖRFATTARE UN CORAZÓN POR LOS AUTORES YAZARLARIMIZA GÖNÜL VERELIM S
ORE PER AUTORI ET HJERTE FOR FORFATTERE EEN HART VOOR SCHRIJVERS TEMOS OS AU
ZÕINKÉRT SERCE DLA AUTORÓW EIN HERZ FÜR AUTOREN A HEART FOR AUTHORS À L'ÉC
RAÇÃO ВСЕЙ ДУШОЙ К АВТОРАМ ETT HJÄRTA FÖR FÖRFATTARE À LA ESCUCHA DE LOS AU
URS MIA ΚΑΡΔΙΑ ΓΙΑ ΣΥΓΓΡΑΦΕΙΣ UN CUORE PER AUTORI ET HJERTE FOR FORFATTERE EE
ARIMIZA G ERE ZERZÕINKÉRT SERCE DLA AUTORÓW EIN HERZ
SCHRIJ S OS A ORAÇÃO ВСЕЙ ДУШОЙ К АВТОРАМ ETT HJÄRTA

Der Autor

1969 als Kind eines persischen Vaters und einer deutschen Mutter in Teheran auf die Welt gekommen, hat Bijan Hadji aus erster Hand viel Erfahrung in den zwei oft gegensätzlichen Kulturen gesammelt. Er verbrachte einen Großteil seiner Jugend im Iran und kam schließlich für sein Medizinstudium nach Deutschland. Im Laufe seiner Ausbildung besuchte er die verschiedensten Länder und gewann eine Vielzahl an Eindrücken. Neben seinem Job interessiert sich der Ehemann und Vater von zwei Kindern auch für das Kochen und Filmmusik. Seine besondere Fähigkeit ist das Zuhören, was sich wohl in seinem reflektierten Schreibstil und seinen bisherigen Veröffentlichungen widerspiegelt. Neben einigen beruflichen Publikationen, hat er in einem Zeitungsartikel und bei einem Erzählwettbewerb sein Können unter Beweis gestellt.